은 투자 사용설명서

은 투자 사용설명서

황석현 지음

SILVER INVESTING
for
BEGINNERS

여의도
책방

시작하며

최대 10배 수익 낸
은 투자의 40년 여정을 공개하며

점심 한 끼 만 원으로 부족한 시대, 우리가 매일 마주하는 뉴스는 온통 불안한 신호뿐입니다. 치솟는 환율, 끝을 모르고 풀리는 화폐, 언제 터질지 모르는 글로벌 경제 위기까지. 열심히 일해서 번 내 소중한 돈의 가치가 자고 일어나면 깎여나가는 것을 보며, 많은 이들이 묻습니다. "내 자산을 지킬 안전한 방패는 어디에 있는가?"

우리는 흔히 '금'을 떠올리지만, 저는 40년 전부터 조금 다른 길을 걸어왔습니다. 1986년 서울 아시안 게임 기념 은화를 처음 손에 쥐었던 그날부터, 은은 제 삶의 궤적과 함께해 왔습니다. 미국 벼룩시장에서 이글 은화를 찾고, 중국에서 판다 은화를 수집하며 보낸 수십 년의 시간은 저에게 단순한 수집 이상의 가르침을 주었습니다. 거대한 경제의 흐름 속에서 종이 화폐는 수없이 흔들렸지만, 제 손바닥 위에 놓인 은화의 묵직한 가치만은 결코 변하지 않았기 때문입니다.

지금 은 시장은 제가 경험한 그 어느 때보다 긴박하게 돌아가고 있습니다. 인공지능AI 혁명과 전기차, 태양광 산업이 폭발적으로 성장하면서 은의 수요는 이미 공급을 훨씬 앞질렀습니다. 반도체와 로봇의 신경망이 되는 은은 이제 단순한 귀금속을 넘어 문명을 지탱하는 '전략 자원'이 되었습니다. 미국과 러시아가 은을 비축하고, 중국이 은 수출을 통제하며 자원 전쟁의 도구로 사용하기 시작한 이유가 바로 여기에 있습니다.

과거 우리는 IMF 환란 때 금을 모아 나라를 구했습니다. 하지만 그때는 이미 소를 잃은 뒤였습니다. 저는 40년 가까이 은을 지켜봐 온 투자자로서, 독자 여러분께 '소 잃기 전의 지혜'를 제안하고자 합니다. 500년 전 조선의 연은 분리법이 세계 경제를 뒤흔들었듯, 지금 우리 곁에 있는 은의 가치를 깨닫는 것이야말로 다가올 거대한 경제 개편에서 살아남을 유일한 열쇠입니다.

이 책은 단순히 은을 사라는 권유가 아닙니다. 화폐의 종말과 새로운 디지털 자산의 시대 사이에서, 변하지 않는 가치를 지닌 '진짜 돈'이 무엇인지 증명하는 40년 집념의 기록입니다. 제가 몰입하여 정리한 이 데이터와 통찰이 여러분의 가족과 미래를 지켜줄 단단한 은빛 방패가 되어주길 소망합니다.

이제 종이 화폐의 환상에서 벗어나, 가장 현실적이고도 강력한 자산인 은의 세계로 여러분을 초대합니다.

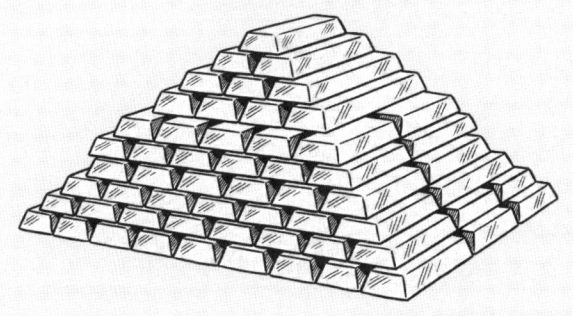

차례

PART 2

은의 가치_
흔들리지 않는 은 투자, 지금도 늦지 않았다

PART 3

은과 자산_
40년 은 투자자로 살다 보니

PART 4

은과 화폐_
새로운 돈으로서의 실험

PART 5

은과 토큰_
달러보다 금, 금보다 은이다

PART 6

은의 미래_
금과는 달라야 한다, 은 투자 전략

PART 8

은의 패권_
은을 가진 자가 세상을 움직인다

PART 1

은과 금융_
금, 달러를
압도하는
은 투자의 시대

이래도 은 투자 안 할 수 있을까?

대한민국 M2의 급격한 증가

1987년, 단군 이래 최대 호황기라 불리던 해에 저는 결혼했습니다. 당시 한국의 통화량M2 기말 잔액은 약 40조 원이었고, 첫째 아들이 태어난 1988년에는 47조 원 수준이었습니다. 그런데 2025년 기준, 한국의 M2 잔액은 무려 4,496조 원에 달합니다. 1987년과 비교하면 통화량이 113배나 늘어난 것입니다.

한국, 1987년 vs. 2025년 주요 지표 비교표

구분	1987년	2025년	상승 배수
짜장면 1그릇	700~800원	7,500원	10배
대기업 대졸 초봉	600~700만 원	5,000만 원	7~8배
서울 아파트 분양가(30평)	3,500만원	17~18억 원	50배
M2 통화량	40조 원	4,496조 원	113배

1987년에는 대기업 신입 사원이 5~6년만 돈을 안 쓰고 모으면 서울 아파트를 살 수 있었습니다. 하지만 지금은 똑같은 아파트를 사는 데 34년이 걸립니다. 짜장면 값이나 월급보다 아파트 가격이 압도적으로 많이 오른 이유는, 폭발적으로 늘어난 유동성이 희소 가치가 있는 부동산 자산으로 집중되었기 때문

M2란 무엇인가?

M2, 즉 광의통화는 시중에 풀린 '현금'에 더해 언제든 현금화할 수 있는 '예적금' 등을 모두 합친 지표입니다. 경제 규모가 커지면 M2도 늘어나지만, 그 속도가 지나치게 빠르면 돈의 가치는 떨어지고 실물 자산부동산, 금, 은 등의 가격은 폭등하게 됩니다. 즉, M2의 급격한 증가는 우리가 가진 현금 자산이 조용히 녹아내리고 있다는 강력한 신호입니다.

입니다. 결국 지금의 경제 구조에서 자산 소득이 근로 소득을 완전히 압도하며 부익부 빈익빈의 성벽을 더욱 공고히 쌓고 있습니다.

미국의 상황은 어떠한가?

미국의 상황도 녹록지 않지만 한국보다는 희망적입니다. 1987년 미국의 M2는 2.9조 달러에서 2025년 22.3조 달러로 약 7.7배 늘어났습니다.

미국, 1987년 vs. 2025 주요 지표 비교표

구분	1987년	2025년	상승 배수
피자 L	7~10달러	17~22달러	2.5배
대졸 초봉	2만 4,169달러	5만 5,000~ 6만 8,000달러	2.5~3배
부동산(중위 주택)	10만 4,500달러	40만 5,000~43만 달러	4배
M2 통화량	2조 9,000억 달러	22조 3,200억 달러	7.7배

뉴욕이나 LA 같은 인기 지역은 집값이 훨씬 비싸 상승 배수가 8~10배에 달하지만, 미국 대학 졸업자는 여전히 10여 년 정

도 노력하면 집을 살 수 있다는 희망이 있습니다. 반면 한국 청년들에게 강요되는 '34년의 기다림'은 목표를 상실하게 하고 사회적 불안을 야기합니다. 최근 폭동이 일어난 이란, 베네수엘라, 아르헨티나의 사례는 통화량 폭증과 물가 지수의 상관관계가 생존과 얼마나 직결되는지 잘 보여줍니다.

결국 대책은 '종자돈'과 '투자'뿐이다

토마 피케티의 『세계 불평등 보고서』에 따르면 대한민국 상위 10%가 전체 자산의 58.5%를 독점하고 있습니다. 자산 보고 누락 등을 감안하면 60~70% 정도로 추정됩니다. 이런 현실 속에서 생존할 방법은 단 하나뿐입니다. 젊고 건강할 때 법과 도덕 안에서 수단과 방법을 가리지 않고 종자돈을 모아 하루라도 빨리 투자를 시작하는 것입니다.

저희 가족의 역사만 봐도 그렇습니다. 성실한 공무원이었던 아버님과 삼촌들은 평생 검소하게 사셨지만 노후 자금 마련에 고군분투하셨습니다. 반면 공부는 제일 못했다던 막내 삼촌은 홀로 미국으로 건너가 자수성가하여 골프장을 소유할 정도의 부자가 되었습니다. 저 또한 중국에서 15년을 버티며 자산을

모든 자산은 아주 작은 것에서 시작합니다. 지금 선택하면, 시간이 차이를 만들어 줄 것입니다.

일궈냈고, 그 덕분에 아이들은 뛰어난 중국어 실력을 갖추게 되었습니다.

부모님께 물려받을 자산이 없다면, 내가 한 살이라도 젊을 때 자산의 토대를 마련해야 합니다. 목돈은 관리하지 않으면 금방 사라진다는 어머니의 선견지명을 기억합니다. 이제는 연금 제도에만 기대지 않고 스스로 자산을 지키고 불리는 지혜가 필요한 때입니다.

흔들리는 미국 국채, 은 투자가 답이다

2023년 3월, 세계 금융 시장을 충격에 빠뜨린 실리콘밸리은 행SVB의 파산을 기억하십니까? 역설적이게도 이 은행을 무너 뜨린 것은 가장 안전한 자산이라 믿었던 '미국 국채'였습니다. 팬데믹 기간 넘쳐나는 예금을 국채와 주택저당증권MBS에 대량 투자했으나, 미 연준의 급격한 금리 인상으로 국채 가격이 폭락 한 것이 화근이었습니다.

감당 불가능한 미국의 부채

고객들의 예금 인출 요구에 SVB는 막대한 손해를 감수하며 국채를 팔아야 했고, 이 소식이 알려지자 하루 만에 420억 달러가 빠져나가는 뱅크런이 발생했습니다. 미국 정부가 예금 전액 보장이라는 파격적인 조치로 급한 불은 껐지만, 이 사태가 우리에게 남긴 교훈은 명확합니다. 미국 국채가 더 이상 무조건적인 '안전 자산'이 아니라는 사실입니다.

2026년 현재, 미국의 부채는 약 38조 달러를 넘어섰습니다. 매일 평균 45억 달러가 늘어나고 있으며, 100일마다 1조 달러라는 천문학적인 금액이 부채 고지서에 추가됩니다. 과거에는 '기축통화국 미국이니까 괜찮다'고 막연히 생각했지만, 이제는 시스템 붕괴를 걱정해야 할 정도로 상황이 심각합니다.

중국의 시진핑 정부는 이미 그 트리거를 당겼습니다. 중국을 필두로 한 브릭스BRICS 진영과 미국 우방국 간의 진검 승부는 이제 반도체, AI, 로봇, 전기차, 희토류, 에너지를 넘어 '화폐 전쟁'으로 확산하고 있습니다.

중국이 먼저 등을 돌렸다: 탈달러의 실체

세계 패권의 헤게모니를 장악하기 위한 이 싸움은 멈추지 않는 에스컬레이터처럼 분노와 증오를 확대 재생산합니다. 무역 전쟁은 반도체 전쟁으로, 다시 희토류 전쟁과 은의 전쟁으로, 종국에는 화폐 전쟁으로 치닫고 있습니다.

언제 제3차 세계대전이 터져도 이상하지 않을 만큼 국제 관계는 팽팽한 긴장감에 휩싸여 있습니다. 미국 국채라는 종이 자산이 흔들릴 때, 우리는 결국 '손에 쥘 수 있는 진짜 자산'으로 눈을 돌릴 수밖에 없습니다. 이것이 우리가 지금 다시 은에 주목해야 하는 이유입니다.

중국이 미국 국채를 파는 3가지 이유

중국은 오랫동안 미국의 최대 채권국이었으나, 이제는 무서운 속도로 미국 국채를 팔아치우고 있습니다. 2013년 시진핑 정부 출범 이후 본격화된 이 흐름은 단순한 자산 매각을 넘어 세계 경제의 질서를 재편하려는 전략적 움직임입니다.

자산 다변화와 탈脫달러 전략

중국은 더 이상 달러에만 의존하지 않기로 했습니다. 미국 국채 대신 실물 금과 원유, 구리 등 실물 자산의 비중을 크게 늘리고 있습니다. 이는 미국의 통화 정책에 휘둘리지 않겠다는 강력한 의지의 표명입니다.

중국의 미국 국채 보유량 추이

시기	보유 금액	비고
2013년 11월	1조 3,167억 달러	역대 최고치
2022년 4월	1조 달러 미만	1조 달러선 붕괴
2024년 12월	7,590억 달러	하락세 지속
2025년 5월	7,327억 달러	영국에 이어 3위 고착화
2025년 12월	6,826억 달러	7,000억 달러선 하회

지정학적 리스크 : '제2의 러시아'가 되지 않기 위해

우크라이나 전쟁 이후 미국이 러시아의 국외 자산을 전격적으로 동결하는 것을 보며 중국은 큰 충격을 받았습니다. 대만 문제 등 향후 미국과 정면충돌할 경우, 자국의 자산이 인질로 잡힐 가능성에 대비해 자금을 더 안전한 '내 금고'로 옮기는 중입니다.

위안화 가치 방어를 위한 실탄

위안화 가치가 급격히 떨어질 때, 보유한 달러ᴍ 국채를 팔아 시장에 풀고 위안화를 사들임으로써 환율을 안정시키는 전략적 카드로 활용합니다.

'채권'에서 '실물'로: 은 수출 허가제의 의미

과거 일본과 독일은 미국이 제공하는 안전한 해상 무역로를 이용하는 대가로 흑자를 내면 암묵적으로 미국 국채를 사주며 미국의 부채를 떠안았습니다. 하지만 중국은 이 공식을 깨뜨렸습니다.

미국과의 경제적 디커플링탈동조화을 준비하는 중국의 영향력은 이제 '종이 채권'에서 '실물 자산 및 공급망 장악'으로 옮겨가고 있습니다. 화웨이 규제에서 시작된 분쟁이 반도체와 희토류를 넘어, 결국 2026년 1월 1일 '은 수출 허가제'라는 폭탄으로 터진 것입니다.

미국이 전 세계 바다를 지켜주지 못한다면 과거 16세기의 갈레온선처럼 군함이 컨테이너선을 호위해야 할 것이며, 이는 물류 비용의 폭등과 전 세계적인 인플레이션으로 이어질 것입

해상 패권이 흔들릴수록,
자원과 화폐는 다시 무장한 배에 실립니다.

니다. 소리 없는 자원 전쟁의 최전선에 '은'이 서게 된 배경입니다.

　종이 채권의 시대가 저물고, 자원과 공급망을 장악한 국가가 힘을 갖는 시대로 세계는 빠르게 이동하고 있습니다. 미국 국채라는 '안전한 종이'가 흔들리는 순간, 자본은 더 이상 약속이 아니라 현실의 중력을 따르기 시작합니다. 그리고 그 중력은 금리라는 형태로 작동하기 시작했습니다.

은 수출 허가제: 은은 이제 중국의 무기다

중국에서 정부의 허가 없이 은을 국외로 내보낼 수 없게 만든 제도로, 은을 국가 안보와 직결된 '전략 자산'으로 선포한 것입니다. 태양광·반도체 등 자국 첨단 산업에 쓸 물량을 우선 확보하고, 남는 것만 골라 팔겠다는 의도가 담겨 있습니다. 이로써 중국은 전 세계 은 공급의 생사여탈권을 쥐게 되었으며, 은은 이제 단순한 귀금속을 넘어 미·중 패권 전쟁의 핵심 무기가 되었습니다.

금리의 중력, 돈의 대이동, 결국은 은이다

종이 자산의 신뢰가 흔들리는 순간, 자본은 가장 먼저 금리의 변화를 감지한 곳에서 움직이기 시작합니다. 그리고 그 첫 번째 신호탄은 일본에서 터졌습니다. 수십 년간 미국 국채의 최대 후원자였던 일본은, 조용히 그러나 분명하게 방향을 틀고 있습니다.

미국 국채의 마지막 기둥, 일본의 흔들림

2023년 말 기준, 일본은 약 1조 2,026억 달러의 미국 국채를 보유한 세계 1위의 채권국이었습니다. 하지만 최근 미국의 고금리 정책으로 국채 가격이 하락하면서 일본은 거대한 매도 압박에 직면했습니다.

가장 큰 변화는 일본 내부에서 일어나고 있습니다. 일본의 40년 만기 국채 금리가 4%를 돌파하며 수십 년 만에 최고치를 기록하자, 일본 투자자들은행, 생명보험사 등 입장에서는 굳이 환율 위험을 감수하며 미국 국채를 들고 있을 이유가 사라졌습니다. 이제는 안방인 일본 국채의 금리가 충분히 매력적이기 때문입니다.

물론 일본이 미국 국채를 한꺼번에 내던지지는 않을 것입니다. 세계 금융 시장에 미칠 충격을 고려해 시간을 두고 소량씩 매각하겠지만, 전 세계에 흩어져 있던 일본 자본이 본국으로 돌아가는 '자본 회수Repatriation'는 거스를 수 없는 흐름이 되었습니다.

세계 경제를 뒤흔들 '자본 회수'의 시작

일본 자본의 움직임을 이해하려면 반드시 알아야 할 이름이 있습니다. 바로 '와타나베 부인'입니다. 이는 특정 개인을 지칭하는 말이 아니라, 일본의 낮은 금리를 활용해 전 세계 외환 및 자산 시장에 투자하는 일본의 개인 투자자들을 통칭하는 경제 용어입니다.

이들은 수십 년간 0%대에 머물렀던 일본의 저금리 엔화를 빌려, 금리가 높은 미국의 국채나 주식 등에 투자해 수익을 올렸습니다. 이를 '엔 캐리 트레이드Yen Carry Trade'라고 부릅니다. 전 세계 금융 시장에 퍼진 이들의 자금 규모는 상상을 초월할 정도로 거대하여, 세계 경제를 움직이는 큰손 중 하나로 꼽힙니다.

그런데 이제 이 거대한 돈의 흐름이 반대로 바뀌기 시작했습니다. 일본의 40년 만기 국채 금리가 4%를 돌파하면서, 와타나베 부인들이 굳이 환율 위험을 감수하며 국외에 돈을 둘 이유가 사라졌기 때문입니다.

"위험한 미국 주식보다 안전한 우리 나라일본 국채에만 넣어 둬도 이자를 4%나 주네?"라는 인식이 퍼지자, 외국에 나가 있던 일본 자본이 달러를 팔고 엔화로 바꿔 일본으로 돌아오는 자본 회수 현상이 본격화되고 있습니다.

이미 미국 주식 시장에 투입된 엔 캐리 트레이드 자금 중 약 5,000억 달러 이상이 주가 상승기마다 조용히 탈출을 준비하고 있다는 분석이 나옵니다. 일본 자본이라는 거대한 버팀목이 빠져나가기 시작하면, 미국 주식과 국채 가격은 하락 압박을 받을 수밖에 없습니다. 이는 미국 국채의 신뢰도 하락과 맞물려 세계 금융 시스템의 불확실성을 더욱 증폭시키는 도화선이 될 것입니다.

주요국 미국 국채 보유 현황(TIC, 2025년 11월 기준)

순위	국가/지역	보유액	추세
1	일본	약 1조 2,026억 달러	2025년 들어 증가 흐름
2	영국	약 8,885억 달러	2025년 중후반 변동 후 높은 수준
3	중국(본토)	약 6,826억 달러	2025년 3월 7,654억 달러에서 11월 6,826억 달러로 감소
4	벨기에	약 4,810억 달러	2025년 내내 증가 흐름

벼랑 끝에 선 미국, 부채를 해결할 4가지 카드

현재 미국은 연간 이자 비용으로만 국방비보다 많은 1조 달러 이상을 지출하고 있습니다. 부채가 임계점을 넘어서면서 미국 정부가 선택할 수 있는 시나리오는 다음과 같습니다.

- 초고속 경제 성장: 세수를 늘려 부채 비중을 낮추는 정공법입니다.
- 인플레이션 유발: 의도적으로 물가를 올려 돈의 가치를 떨어뜨림으로써 갚아야 할 빚의 실질적 가치를 줄이는 '조용한 해결책'입니다.
- 긴축과 증세: 국방비나 사회보장비를 줄이고 세금을 올리는 방법이지만, 정치적 반발과 경기 침체의 위험이 큽니다.
- 저금리 유지: 연준Fed이 금리를 낮춰 정부의 이자 부담을 줄여주는 방식입니다.

트럼프 대통령이 연준을 압박하며 금리를 낮추려 했던 집요한 시도들은 결국 이 거대한 부채 문제를 해결하기 위한 처절한 몸부림이었습니다. 미국 부채와 금리의 메커니즘을 이해하면 세계 경제의 향방이 보이고, 결국 우리가 무엇에 투자해야 자산을 안전하게 지킬 수 있는지 명확해집니다.

금리와 환율의 메커니즘을 알면 '은'이 보인다

1997년 한국이 IMF 외환위기를 겪은 핵심 원인은 당시 금융

계의 금리 인식이 세계화되지 못했기 때문입니다. 당시 정부는 종금사종합금융사 허가를 남발했고, 이들은 2%대의 저렴한 일본 자금을 빌려와 국내 기업에 8%로 빌려주며 손쉬운 이자 장사를 했습니다.

문제는 일본에서 발생했습니다. 1995년 '역플라자 합의'로 엔화 가치가 떨어지고, 일본 내 금융 위기로 자본 회수BIS 비율◆충당 명령이 떨어지자 일본 금융사들은 한국 종금사에 빌려준 돈을 회수하기 시작했습니다. 단기 자금1년을 빌려 장기 투자를 했던 종금사들은 유동성 파티의 끝에서 속수무책으로 무너졌고, 이는 대우그룹을 비롯한 대기업과 제1금융권의 연쇄 파산으로 이어졌습니다.

금리라는 무서운 칼날: 유동성 장세와 버블

금리는 단순히 은행 이자가 아니라, 돈의 '가격'이자 '중력'입니다. 트럼프 대통령이 금리 인하를 강력히 요구하는 이유는 명확합니다. 금리가 낮아지면 돈은 은행을 빠져나와 부동산과 주식으로 몰리며 경기가 활성화됩니다. 이를 '유동성 장세'라고 합니다. 하지만 넘쳐나는 돈은 필연적으로 자산 버블을 만듭

◆ BIS(국제결제은행) 자기 자본 비율: 은행의 건전성을 측정하는 세계 공통 기준으로, 위험 자산 대비 자기 자본을 일정 수준(보통 8% 이상) 유지하도록 하는 지표입니다. 당시 일본 금융사들은 이 비율을 맞추기 위해 외국에 빌려준 자금을 급히 회수하며 자구책을 마련해야 했습니다.

니다.

반대로 경기가 과열되어 금리를 올리면 돈의 가치는 상승하고, 시중의 돈은 다시 은행으로 흡수됩니다. 이때 부채를 감당하지 못한 곳부터 균열이 생기며 경기 침체가 시작됩니다. 현재한국의 금리보다 미국의 금리가 높은 상황에서, 자본이 신용도가 높은 미국으로 썰물처럼 빠져나가 원화 가치가 하락하는 현상 역시 이 냉혹한 금리의 법칙 때문입니다.

부채·금리·환율, 그리고 은이라는 방패

부채, 금리, 환율은 떼려야 뗄 수 없는 삼총사입니다. 금리가낮아져 돈의 가치가 떨어지면 환율은 요동칩니다. 제가 은 투자를 이야기하며 부채와 금리, 환율을 강조하는 이유는 은 투자자야말로 이 복잡한 시스템의 위험성을 가장 잘 이해하는 사람들이기 때문입니다.

은 투자자는 부채를 경계합니다. 그리고 금리와 환율의 일시적인 변동에 일희일비하지 않습니다. 실물 은은 그 무게만큼 내재산의 실질적 가치를 지켜주기 때문입니다.

경제적 독립을 위해서는 다음 세 가지 원칙을 반드시 지켜야합니다.

- 부채부터 해결하라: 부채가 있다면 최대한 빨리 상환하여 금리의 노예에서 벗어나야 합니다.
- 여유 자금으로 투자하라: 조급함은 투자를 망칩니다. 반드시 여윳돈으로 편안하게 시작하십시오.
- 꾸준히 모아라: 천천히, 그러나 쉬지 않고 무게를 늘려가는 것이 가족의 경제적 독립을 위한 가장 확실한 발걸음입니다.

금이면 더 좋겠지만, 은으로도 충분합니다. 종이 화폐의 가치가 시스템의 무게를 견디지 못하고 흔들릴 때, 당신의 손에 쥐어진 은은 가장 단단한 경제적 방패가 되어줄 것입니다.

1-4

미국 기술주와 미국 ETF 투자로 자산 만들기

이 책은 『은 투자 사용설명서』지만, 저는 은에 여유 자산을 모두 투자하는 것은 어리석은 방법이라고 생각합니다. 적절하게는 10%, 많아도 20% 이내로 투자해야 한다고 생각합니다. 나머지는 ETF 등에 넣어 10년 이상 기다리며 자산을 불리고, 비상시를 위해 현금도 가지고 있어야 합니다. 따라서 이번 챕터에서는 미국 주식에 대해 이야기해 보겠습니다.

2010년대 중반부터 미국 기술주와 혁신의 상징은 'FAANG'이었습니다. 페이스북Facebook, 애플Apple, 아마존Amazon, 넷플릭스Netflix, 구글Google의 앞 글자를 딴 이 명칭은 CNBC의 경제 프로그램 진행자 짐 크레이머가 처음 사용하며 전 세계 투자자들의 가슴을 뛰게 했습니다.

하지만 시대의 흐름은 변했습니다. 2026년 현재, 미국 증시와 기술 패권을 상징하는 새로운 이름은 '매그니피센트 7Magnificent 7, M7'입니다.

7인의 무법자, M7의 디커플링

뱅크오브아메리카BoA의 분석가 마이클 하트넷이 1960년대 서부 영화 〈황야의 7인〉에서 영감을 얻어 명명한 이들은, 현재 미국뿐만 아니라 전 세계 금융 시장의 중력을 결정하는 7개의 거대 기술 기업을 의미합니다.

매그니피센트 7 기업 리스트

기업명	티커	주요 산업 분야	시가 총액
애플 (Apple)	AAPL	스마트폰(아이폰), 서비스, 자체 칩 설계	3조 7,600억 달러 (약 5,076조 원)
마이크로소프트 (Microsoft)	MSFT	클라우드(애저), 생성형 AI(코파일럿), 소프트웨어	3조 4,200억 달러 (약 4,617조 원)

알파벳 (Alphabet Inc.)	GOOGL	구글 검색, 유튜브, 클라우드, AI(제미나이)	3조 9,900억 달러 (약 5,386조 원)
아마존 (Amazon)	AMZN	이커머스, 클라우드(AWS), 광고 사업	2조 5,600억 달러 (약 3,456조 원)
엔비디아 (Nvidia)	NVDA	AI가속기(GPU), 데이터센터 솔루션	4조 5,300억 달러 (약 6,115조 원)
메타 (Meta)	META	소셜 미디어(페이스북, 인스타그램), 메타버스, 오픈소스 AI	1조 5,600억 달러 (약 2,106조 원)
테슬라 (Tesla)	TSLA	전기차, 자율주행(FSD), 에너지 저장 장치	1조 4,600억 달러 (약 1,971조 원)

　과거에는 M7으로 불리는 7개 종목이 동반 상승하는 경향이 강했습니다. 하지만 최근에는 엔비디아, 알파벳, 마이크로소프트가 시장을 주도하고 나머지 기업은 시장 평균S&P500 수준의 수익률에 머무는 등 디커플링 현상이 뚜렷해지고 있습니다.

　M7은 미국 증시 시가 총액의 34% 이상을 차지하는 핵심 동력이지만, 이제는 각 기업의 개별 펀더멘털기초 체력을 면밀히 따져봐야 할 시기입니다. 즉, 기대감이 아닌 실제 매출과 이익이 얼마나 발생하는지가 투자의 핵심 향방이 될 것입니다.

산이 높으면 골이 깊다: 폭락장에 대비하라

저는 미국 기술주의 가파른 상승 그래프를 볼 때마다 매입할 엄두가 나지 않습니다. "산이 높으면 골이 깊다"는 증시 격언을 믿기 때문입니다. 비록 이 원칙 때문에 수익을 낼 기회를 여러 번 놓치기도 했지만 후회하지는 않습니다. 투자에는 반드시 자신만의 철저한 원칙이 있어야 합니다.

최근 증권가에서는 AI 버블 논쟁이 뜨겁습니다. 막대한 투자가 이루어지고 있지만, 과연 그만큼의 수익이 창출되고 있는가가 관건입니다. 저는 2026년이나 2027년 사이, 미국 증시에 건전한 조정 혹은 상당히 큰 폭의 하락장이 올 것이라 예상합니다.

정치의 장이 된 주식 시장

많은 투자 분석가는 현재 미국 주식 시장이 시장 경제의 논리를 넘어 '정치의 장'으로 진입했다고 분석합니다. 특히 2026년 11월 중간선거를 전후해 가파른 상승 곡선이 꺾일 가능성이 큽니다.

2026년 다보스 포럼에서 엔비디아의 젠슨 황은 "AI가 실제로 돈을 벌고 있으므로 버블이 아니다"라고 주장했지만, 저는 여전히 엔비디아를 비롯한 기술주들의 주가에 상당한 거품이 끼어 있다고 생각합니다. 화려한 파티가 끝난 뒤 찾아올 냉혹한 겨울을 대비해야 할 때입니다.

당신의 자산을 지킬 최고의 ETF 가이드

투자의 방향을 정했다면, 이제 어떤 그릇에 담느냐가 중요합니다. 미국 시장에는 수많은 ETF상장지수펀드가 있지만, 자신의 투자 성향과 시대의 흐름에 맞는 선택이 필요합니다.

기술 및 AI ETF: 장기 수익성 최상

티커	ETF	투자 방향
QQQ	Invesco QQQ Trust	나스닥100 지수를 추종하며, M7 기업 비중이 높아 지난 10년간 가장 안정적으로 고수익을 낸 대표 ETF입니다.
SMH	VanEck Semiconductor ETF	엔비디아, TSMC 등 반도체 핵심 기업에 집중 투자합니다. 최근 5년 수익률에서 일반 기술주 ETF를 압도합니다.
VGT	Vanguard Information Technology ETF	애플, 마이크로소프트 비중이 매우 높은 IT 섹터 특화 ETF로 수수료가 저렴하면서 수익성은 최상위권입니다.

시장 지배력 기반의 대형주 ETF: 안정적 수익

티커	ETF	투자 방향
VOO	Vanguard S&P 500 ETF	S&P500 지수를 추종하며, 장기 투자 시 가장 신뢰할 수 있는 수익 모델로 꼽힙니다. 미국 대형 성장주에만 집중하며, 최근 실적 중심의 장세에서 일반 지수 펀드보다 높은 성과를 보이고 있습니다.
SCHG	Schwab US Large-Cap Growth ETF	미국 대형 성장주에만 집중하며, 최근 실적 중심의 장세에서 일반 지수 펀드보다 높은 성과를 보이고 있습니다.
XLG	Invesco S&P 500 Top 50 ETF	S&P500 종목 중 시가 총액 상위 50개 기업에만 압축 투자하여 수익성을 극대화합니다.

특정 테마주: 최근 급등주

티커	ETF	투자 방향
FBTC	Fidelity Wise Origin Bitcoin Fund	비트코인 현물 ETF 중 하나로 디지털 자산 상승기에 가장 높은 수익률을 기록하는 자산군입니다.
URA	Global X Uranium ETF	에너지 전환과 AI 데이터 센터 수요로 인한 원자력 르네상스 덕분에 최근 3~5년 수익률이 높습니다.
SOXL	Direxion Daily Semiconductor Bull 3X	반도체 지수 상승 시 3배의 수익을 내는 레버리지 상품입니다. 수익성은 가장 높지만 하락 리스크도 매우 큽니다. 현재 정부의 도움으로 높아져 있어 주의가 필요합니다.
SCHD	Schwab US Dividend Equity ETF	하락장에서 배당 재투자를 통해 전체 자산 가치를 방어하며 장기적으로 준수한 수익성을 보여주는 대표 배당 ETF입니다.

AI(소프트웨어 및 에이전트)

티커	ETF	투자 방향
BAI	iShares AI Innovation	AI 혁신기업을 선별해 투자하는 액티브 ETF로 변화가 빠른 AI 시장에 유연한 대응이 장점입니다.
AIQ	Global X AI & Technology ETF	AI 개발뿐만 아니라 빅데이터를 활용하는 기업(알파벳, 엔비디아 등)에 폭넓게 투자하여 안정성이 높습니다.
KODEX	미국 AI 소프트웨어 Top10	팔란티어, MS 등 실적 기반 기업에 집중합니다.

에너지

티커	ETF	투자 방향
XLU	Utilities Select Sector SPDR Fund	미국 전통 유틸리티 기업들이 AI 전력 수요 덕분에 성장주로 재평가 받고 있습니다.
URA	Global X Uranium ETF	AI 데이터센터의 무탄소 전원으로 원자력 발전 밸류체인 전반에 투자합니다.
KODEX	미국 핵심 전력 인프라	팔란티어, MS 등 실적 기반 기업에 집중합니다.

로봇

티커	ETF	투자 방향
BOTZ	Global X Robotics & Artificial Intelligence ETF	산업용 로봇부터 수술용 로봇까지 글로벌 로봇 기업에 투자하는 가장 대표적인 상품입니다.
ROBO	ROBO Global Robotics	하드웨어뿐만 아니라 로봇 구동에 필요한 센서, 컴퓨팅 기업까지 전 밸류체인을 다룹니다.
RISE	AI & 로봇	국내외 핵심 로봇주 및 자율주행 기술주를 포함합니다.

배당ETF

티커	ETF	투자 방향
SCHD	Schwab US Dividend Equity ETF	배당 투자의 정석이라 불리며 재무 건전성이 높은 기업들이라 하락장에서도 방어력이 탁월합니다.
DGRO	iShares Core Dividend Growth ETF	단순히 배당 수익률이 높은 것이 아니라, 배당을 계속 늘려가는 성장주 성격의 배당주에 투자합니다.
ACE	미국 배당 다우존스	한국판 SCHD로 연금계좌에서 인기가 있습니다.

워런 버핏의 유언과 복리의 마법

워런 버핏은 2013년 주주 서신을 통해 자신의 사후 자산 90%를 뱅가드의 VOOS&P500 인덱스 펀드에 투자하라는 유언을 공개했습니다. 미국 상위 500개 기업에 투자하는 것은 미국 경제의 우상향에 베팅하는 것과 같습니다.

S&P500의 과거 연평균 수익률을 약 10%로 잡고, 원금을 1억 원으로 산정해서 복리 공식에 대입해 보면 시간의 위력을 체감할 수 있습니다.

$$A = P(1+r)^n$$

A: 최종 금액, P: 원금, r: 연이율, n: 투자 기간

- 20년 투자 시: 약 6억 7,300만 원(673%)
- 30년 투자 시: 약 17억 4,500만 원(1,745%)

닷컴 버블, 9.11 테러, 금융 위기, 팬데믹까지 지난 30년의 숱한 폭락장을 견디고 시장에 머문 사람은 결국 승리했습니다. 버핏이 말한 "10년 이상 보유할 생각이 없으면 10분도 보유하지 마라"는 격언의 본질은 바로 이 30년 차에 폭발하는 복리의 마

법에 있습니다.

한국에서 평범하게 일하며 1억 원의 종자돈을 모으는 것은 매우 힘든 일입니다. 하지만 시야를 넓히면 길은 있습니다. 고故 김우중 대우그룹 회장이 강조했듯, 인력난을 겪고 있는 외국 현지의 한국 기업에서 3년만 '귀향살이'를 한다는 각오로 일한다면 1억 원의 종자돈을 모으는 것은 충분히 가능합니다.

이 1억 원을 S&P500 ETF에 묻어두고 30년을 기다린다면, 당신의 노후에는 수십억 원에 달하는 목돈이 생깁니다. 관건은 의지입니다. 안락한 현실에 머물 것인가, 3년의 인내로 평생의 경제적 자유를 살 것인가? 선택은 오직 당신의 몫입니다.

복리 투자 예시: 시작 금액 1억 원, 연이율 14%로 상정

투자 기간	최종 합계(원금+이자)	원금 대비
5년	약 1억 9,254만 원	약 1.9배
10년	약 3억 7,072만 원	약 3.7배
15년	약 7억 1,379만 원	약 7.1배
20년	약 13억 7,435만 원	약 13.7배
25년	약 26억 4,619만 원	약 26.5배
30년	약 50억 9,502만 원	약 51배

PART 2

은의 가치_ 흔들리지 않는 은 투자, 지금도 늦지 않았다

2-1

은 없는
미래 산업은 없다

세계 최고의 부호 일론 머스크는 최근 미래를 바꿀 3대 핵심 키워드로 로봇, AI, 에너지를 꼽았습니다. 현재 기술력을 기반으로 추정컨대 3년 내에 로봇이 정교한 외과 수술을 직접 집도할 수준에 도달할 것이라 합니다.

거부할 수 없는 은의 시대가 왔다

신기술은 이미 우리 삶의 풍경을 빠르게 바꾸고 있습니다. 어제 미국 LA에 사는 아들과 영상통화를 했는데, 아들은 웨이모 Waymo의 무인 택시를 타고 이발소에 가는 중이라고 했습니다. 신기한 마음에 카메라를 돌려달라고 부탁해 택시 내부와 도로 상황을 지켜보았습니다. 운전석이 비어 있는 차가 도심을 활보하는 광경은 그 자체로 충격이었습니다.

기술의 역습은 일자리 시장에서도 확연히 나타납니다. 대형 로펌의 대표 변호사들은 "신입 변호사Associate를 예전만큼 뽑지 않는다"고 말합니다. 세무·회계 법인 역시 마찬가지입니다. AI가 인간보다 훨씬 빠르고 정확하게 데이터를 처리하니, 굳이 많은 인력을 고용할 필요가 없어진 것이지요. 미래 산업은 이제 먼 훗날의 이야기가 아니라, 이미 우리 곁에 성큼 다가와 있습니다.

일론 머스크는 은행에 장기 예금을 하기보다 로봇, AI, 에너지 관련 기업의 주식을 사라고 강조합니다. 그가 저축 대신 투자를 권하는 이유는 명확합니다. 단순히 돈을 모을 게 아니라, 다가올 미래 산업의 주인공이 될 기업의 지분을 확보해야 한다는 뜻이지요.

로봇, AI, 에너지 산업의 핵심 재료는 은이다

여기서 주목해야 할 사실이 있습니다. 로봇, AI, 에너지라는 서로 다른 분야에서 공통적으로 필요로 하는 핵심 재료가 바로 '은'이라는 점입니다. 과거 서부 개척 시대의 '골드러시'를 떠올려 보십시오. 당시 가장 안정적으로 큰돈을 거머쥔 사람은 황금을 찾아 헤맨 광부가 아니라, 그들에게 꼭 필요한 청바지와 곡괭이를 판 상인들이었습니다.

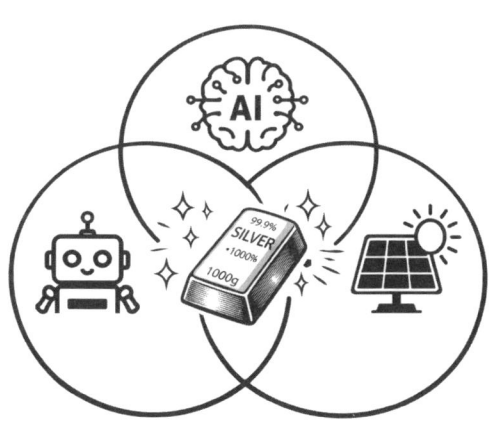

로봇·AI·에너지 산업의 교차점에 놓인 핵심 원자재, 은.
미래 기술을 지탱하는 보이지 않는 공통 분모입니다.

지금 우리가 처한 상황도 이와 같습니다. 전기·전자 시대가 본격화되면서 은 수요는 폭발하지만, 공급은 한정적입니다. 수요와 공급의 불균형이 해소될 때까지 은 가격은 상승할 수밖에 없는 구조입니다. 더 중요한 건, 완성품에서 은이 차지하는 비용 비중이 극히 미미하다는 점입니다. 태양광 패널이나 AI 칩 하나를 만드는 데 들어가는 은의 가격이 몇 배 오른다 해도, 전체 제품 원가에 미치는 영향은 1%도 되지 않습니다. 그래서 기업들은 은 가격이 아무리 올라도 살 수밖에 없습니다. 바로 이것이 '은'에 주목해야 하는 결정적 이유입니다.

최소 5년, 은에 대적할 물질은 없다

'필요는 발명의 어머니'라는 말처럼, 은을 대체할 꿈의 신소재가 없는 것은 아닙니다. 대표적인 것이 바로 그래핀Graphene입니다. 그래핀은 전기 전도성이 은의 100배에 달하는 경이로운 물질이죠.

하지만 당장 은의 자리를 위협하기에는 넘어야 할 산이 높습니다. 우선 가격입니다. 현재 고품질 그래핀CVD은 1킬로그램에 수억 원을 호가하며, 비교적 저렴한 그래핀 나노 플레이틀릿

GNP조차 1킬로그램에 수천만 원에서 수억 원에 달합니다. 생산 단가가 은보다 수십 배에서 백 배 이상 높은 셈입니다. 또한 기존의 구리나 은 기반 제조 공정에 그래핀을 적용하기 위한 기술적 호환성 연구도 아직 걸음마 단계입니다.

물론 연구가 진척됨에 따라 매년 그래핀 가격이 20~30%씩 하락하고 있고, 2030~2035년 사이에는 실용화의 물꼬가 트일 것으로 보입니다. 은 가격의 상승 곡선과 그래핀의 가격 하락 곡선이 만나는 그 지점이 오면, 은의 산업적 수요는 줄어들고 비로소 '진짜 돈'으로서의 가치만 남게 될 것입니다.

또 다른 강력한 대체재인 탄소 나노튜브CNT는 이미 산업 현장에서 은의 역할을 일부 대신하고 있습니다. 특히 전기차 배터리 내부에서 전자의 흐름을 돕는 '도전재'로 널리 쓰이는데, 대량 생산 공정이 정립되어 가격 경쟁력이 뛰어나기 때문입니다. 최근에는 은을 완전히 대체하기보다 은 입자 사이에 CNT를 섞어 은의 함량을 획기적으로 줄이는 하이브리드 방식이 상용화되고 있습니다.

결국 우리에게 주어진 기회는 그래핀이나 탄소 나노튜브가 은을 완전히 대체하기 전인 바로 지금입니다. 신소재가 산업의 표준이 되기 전까지, 은은 대체 불가능한 '미래 산업의 쌀'로서 독보적인 가치를 누릴 것이기 때문입니다.

현재 GNP 가격을 킬로그램당 1억 원으로 가정하고 매년 20%씩 가격이 하락한다고 보면, 5년 후인 2030년에는 킬로그램당 약 3,277만 원 수준에 도달합니다. 이 시점에서 은의 상업적 가치는 킬로그램당 2,800만 원, 즉 1트로이온스◆당 약 600달러 선이 기술적 한계치가 될 것으로 계산됩니다.

예정된 금-은 비율의 회귀

지금의 은 가격, 이미 너무 비싸다고 생각하시나요? 2025년 이전 은의 역대 최고가는 49.5달러였습니다. 그런데 현재 100달러를 넘어서니 "인간의 탐욕이 만든 거품이 아닐까?" 걱정하시는 분들이 많습니다. 이런 잘못된 인식에서 벗어나기 위해서는 은의 가치를 판단하는 기준부터 다시 살펴볼 필요가 있습니다.

인류 역사 2,700여 년 동안 금과 은의 가격비Gold-Silver Ratio는 1:12에서 1:15 내외를 안정적으로 유지해 왔습니다. 지각 내 매장량과 희소성, 화폐·산업적 역할을 종합적으로 고려할 때, 이 비율이 금과 은의 본래 가치 관계에 가장 가깝기 때문입니다.

◆ 1트로이온스=31.1g(귀금속 전용), 1온스=28.35g(재료, 일반 물건 무게)

불과 얼마 전까지만 해도 이 비율은 1:80에 달하며 극도로 비정상적인 상태를 보였지만, 최근 은값의 기록적인 상승과 함께 빠르게 좁혀지고 있습니다. 만약 금은비가 1:15 수준만 회복하더라도, 은 가격은 현재보다 5~6배 이상 상승할 여지가 있습니다. 여기에 금 가격의 동반 상승까지 감안하면, 은은 9배 혹은 그 이상의 잠재력을 품고 있다고 볼 수 있습니다. 이것이야말로 은이 가진 압도적인 '한 방'이자, 우리가 지금 은에 주목해야 하는 가장 구조적인 이유입니다.

또한 은의 역대 최고가와 비교해도 지금의 은 가격은 비싸지 않습니다. 1980년 헌트 형제Hunt Brothers의 은 매집으로 기록된 49.5달러를 현재의 인플레이션 가치로 환산하면 약 194~200달러에 달합니다.

더군다나 단순한 물가 상승이 아니라, 그동안 폭발적으로 증가한 달러 통화량M2을 기준으로 계산할 경우에는 은의 적정 가격이 현재보다 12배 이상이어야 한다는 분석도 나옵니다.

이런 기준에서 보면, 지금의 은 가격을 '역대 최고가 돌파'라는 이유만으로 고평가라고 단정하기는 어렵습니다.

투기의 대상이었던 은이 다시 중앙은행 앞에 섭니다.
변동의 대상에서, 신뢰를 담는 자산으로.

투기 자산을 넘어 '통화 자산'으로의 귀환

더 나아가 산업적 수요를 넘어, 만약 세계 중앙은행들이 금과 함께 은을 지불준비금으로 본격적으로 비축하기 시작한다면 상황은 완전히 달라집니다. 이 경우 은은 금 가격의 1/10 수준까지 점진적으로 재평가될 것이며, 이는 은이 단순한 원자재가 아닌 '진짜 돈'으로서의 위상을 되찾음을 의미합니다.

물론 현재의 상승세에는 실질적인 산업 수요와 투자자의 심리가 섞여 있어, 단기적인 가격 조정은 피할 수 없습니다. 그러나 장기 투자자의 관점에서 본다면, 지금의 은 가격은 과열 구간이라기보다 오히려 역사적·구조적 기준에서 이제 막 제자리를 찾아가기 시작한 단계에 가깝습니다. 은은 지금 비싸지고 있는 것이 아닙니다. 억눌려 있던 가치가 비로소 기지개를 켜고 있는 것입니다.

헌트 형제와 은의 역사

1970년대 말, 텍사스의 석유 재벌 헌트 형제는 화폐 가치 하락에 대비해 전 세계 은의 절반 가까이를 매집하며 역사적인 은값 폭등을 일으켰습니다. 1980년 1월, 은 가격은 1트로이온스당 49.5달러라는 전무후무한 기록을 세웠지만, 이후 거래 규제와 급격한 매물 출하로 인해 폭락하며 투자의 전설로 남았습니다.

중요한 것은 당시의 49.5달러를 현재의 인플레이션 가치로 환산하면 약 200달러에 달한다는 사실입니다. 지금 우리가 마주한 은 가격 상승은 과거의 투기적 매집을 넘어, 실질적인 산업 수요와 화폐 가치 하락이 맞물린 지극히 정상적인 회복 과정이라 볼 수 있습니다.

데이터가 증명한다, 역대급 '공급 부족'

투자의 기본 원리는 명쾌합니다. 수요가 공급을 초과하면 가격이 오르고, 반대로 공급이 수요를 넘어서면 가격은 내립니다. 그런데 은 시장은 2021년부터 2025년까지 5년이라는 긴 시간 동안 단 한 번의 쉼도 없이 '공급 부족' 상태를 유지해 왔습니다.

미래 산업의 절대 동력, 은

세계 은 협회의 「세계 은 보고서World Silver Survey report」에 따

르면 그 수치는 가히 압도적입니다.

- 2021년: 약 2,862톤 부족 (확정)
- 2022년: 약 8,459톤 부족 (확정)
- 2023년: 약 6,531톤 부족 (확정)
- 2024년: 약 6,686톤 부족 (추정)
- 2025년: 약 6,842톤 부족 (추정)

이토록 막대한 양의 은이 매년 부족한 이유는 무엇일까요? 바로 우리가 사용하는 모든 정밀 기기가 은을 간절히 원하기 때문입니다.

스마트폰, 태블릿, 반도체부터 AI 데이터센터 서버, 5G 기지국, 태양광 패널, 전고체 배터리, 우주선과 미사일, 로봇에 이르기까지 은이 들어가지 않는 곳이 없습니다. 수요가 워낙 강력하다 보니 전통적인 은의 사용처였던 광학기기나 의약품 분야는 순서가 뒤로 밀릴 정도입니다.

대성금속, 한국금거래소, 아시아골드 등 공인된 업체에서 발행한 순도 99.9%
이상의 법정 은바들입니다. 표면에 각인된 일련번호와 검인 마크를 통해
품질을 보증받는 가장 대중적인 실물 은 투자 수단입니다.

급등 후엔 급락? 이번엔 다르다

"주식처럼 그래프가 너무 급격하게 올라가면, 떨어질 때도 무
섭게 떨어지지 않을까?"

당연히 걱정되실 겁니다. 하지만 새로운 은 광산을 개발하는
데는 보통 7~10년 정도의 시간이 걸립니다. 따라서 앞으로도

상당 기간 은 부족 현상은 계속될 전망입니다.

우리는 과거 사례를 돌아볼 필요가 있습니다. 1980년 헌트 형제의 매집 사건이나 2011년 금융위기 직후의 폭등은 매점매석에 따른 시장의 공포와 인간의 투기 심리가 만든 '패닉 장세'였습니다.

하지만 지금의 상승은 전혀 다릅니다. 이번 장세는 실질적인 수요 폭증과 물리적인 공급 부족이라는 탄탄한 경제 논리에 기반하고 있습니다. 은 공급량이 획기적으로 개선되거나 완벽한 대체재가 상용화되기 전까지, 지금의 상승 곡선은 지극히 정상적인 흐름이라 볼 수 있습니다.

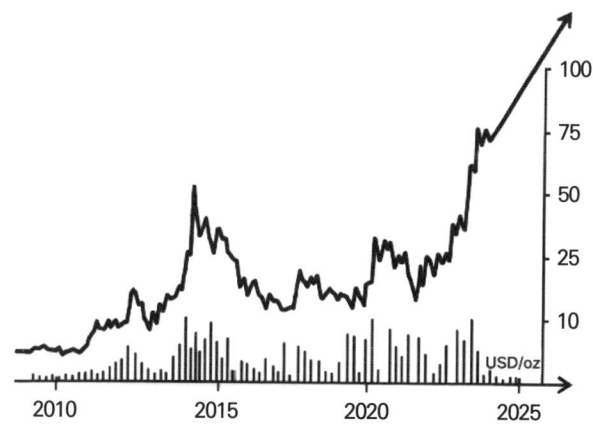

은 가격의 장기 추세(USD/oz). 반복되는 변동 속에서도,
은의 가격 흐름은 장기 상승 추세를 형성해 왔습니다.

200달러까지 간다, 은의 가치

우리는 흔히 버려진 전자제품에서 금속을 추출하는 '도시 광산'을 떠올립니다. 하지만 그 실상을 들여다보면 금과 은의 대우는 하늘과 땅 차이입니다.

왜 은은 재활용되지 않을까?

금은 90% 이상의 높은 재활용률을 자랑하지만, 은은 고작 20% 미만에 머물러 있습니다. 심지어 그 적은 양조차 은을 목

미래 산업의 핵심 금속, 은.
그러나 매년 1,800톤이 쓰레기통으로 사라집니다.

적으로 회수한 것이 아니라, 금 같은 비싼 금속을 채취하는 과정에서 '덤'으로 얻어 걸린 것에 불과합니다.

현재 전 세계적으로 매년 6,200만 톤의 전자 폐기물이 쏟아집니다. 그 속에는 약 2,300톤의 은이 포함된 것으로 추정되는데, 이 중 겨우 500톤만이 재활용될 뿐입니다. 나머지 1,800톤은 매년 쓰레기와 함께 소각되거나 땅에 묻혀 영원히 사라집니다. 미래 산업의 쌀이라는 은이 매년 엄청나게 증발하고 있는 셈입니다.

그 이유는 냉정하게도 경제성 때문입니다. 스마트폰 1대에는 약 0.034그램34밀리그램의 은이, 노트북 1대에는 약 1그램의 은이

들어 있습니다. 현재 은값이 1트로이온스당 100달러라고 가정하면, 스마트폰 한 대에서 회수할 수 있는 은의 가치는 고작 약 11센트약 150원에 불과합니다. 반면 금은 스마트폰 1대당 0.034그램이 들어 있고, 금값이 1트로이온스당 2,700달러일 때 그 가치는 약 3달러약 4,000원입니다. 같은 노력을 들여도 금을 회수하는 것이 27배 이상 수익성이 높기 때문에, 업체들은 당연히 금 회수에만 집중하게 됩니다. 매년 1,800톤의 은이 '쓸모없어서'가 아니라 '값이 싸서' 버려지고 있는 것입니다.

구분	스마트폰 1대당 함유량	금속 가치 (USD)	금속 가치 (원화)
은	약 0.034g	약 0.11달러	약 150원
금	약 0.034g	약 3달러	약 4,000원

은 가격이 200달러가 되어야 하는 이유

매년 1,800톤의 은이 사라진다는 것은 단순히 금속 하나가 낭비되는 차원이 아닙니다. 이는 새로운 은 1,800톤을 추가로 채굴해야 한다는 의미고, 그 과정에서 막대한 에너지 소비와 환경 파괴가 동반됩니다.

은 1톤을 채굴하려면 평균 20~30만 톤의 광석을 캐내고 처리해야 하며, 이 과정에서 시안화물, 황산 같은 유해 화학물질이 사용됩니다. 또한 채굴된 광석을 처리하면서 나오는 광미찌꺼기는 토양과 수질을 오염시킵니다. 재활용만 제대로 이루어져도 이런 환경 파괴를 크게 줄일 수 있습니다.

그렇다면 은도 금처럼 90% 이상 재활용하려면 어떻게 해야 할까요? 인공지능AI에게 물었더니 흥미로운 답이 돌아왔습니다. 재활용 비용 구조를 기준으로 한 분석에 따르면 은 가격이 1트로이온스당 최소 100달러는 되어야 재활용 효율이 오르기 시작하고, 200달러1킬로그램당 약 1,000만 원 수준에 도달해야 비로소 금만큼 철저한 재활용이 이루어진다는 것입니다. 결국 역설적이게도 자원을 아끼고 지구를 지키기 위해서라도 은 가격은 지금보다 훨씬 더 올라야만 합니다.

매년 1,800톤의 은이 버려진다

물론 가격만 오른다고 해결될 문제는 아닙니다. 몇 가지 구조적인 변화가 병행되어야 합니다.

- 인프라 구축: 태양광 패널 같은 대형 폐기물을 체계적으로 수거할 시스템이 필요합니다.
- 기술 고도화: 특정 금속만 정밀하게 뽑아내는 화학적 분리 기술이 더 발전해야 합니다.
- 제도적 뒷받침: 제조사가 폐기물 회수까지 책임지는 '생산자 책임 재활용제도EPR'와 처음부터 재활용을 고려해 설계하는 '에코 디자인' 도입이 필수적입니다.

낮은 재활용률은 결국 신규 채굴에 대한 부담으로 이어집니다. 앞서 언급했듯 새로운 광산 개발에는 7~10년이라는 긴 시간이 소요됩니다. 재활용 시스템이 안착하기 전까지, 버려지는 은의 양만큼 공급 부족은 더 심화될 것이고 이는 은 가격을 밀어 올리는 강력한 압력이 될 것입니다.

은 가격이 오르는 것은 투기의 결과가 아닙니다. 지금까지 은은 너무 싸게 거래되어 왔습니다. 미래 산업에 필수적인 자원임에도 불구하고 그 가치를 제대로 인정받지 못했던 것입니다. 지금의 가격 상승은 그동안 과소평가되었던 은의 가치가 비로소 현실에 맞게 조정되는 과정입니다. 귀중한 자원이 허무하게 사라지지 않도록 이제는 인류의 지혜를 모아야 할 때입니다. 그리고 그 변화의 시작은 은이 제 가치를 인정받는 것에서부터 출발할 것입니다.

우리가 소유할 수 있는 은의 총량은?

현재까지 인류가 채굴한 은의 총량은 약 174만 톤으로 추산됩니다.◆ 반면 앞으로 채굴 가능한 매장량은 전용 은 광산과 다른 금속구리, 납, 아연 등 속에 섞인 것을 모두 합쳐 약 56~64만 톤에 불과합니다.◆◆ 2025년 기준 전 세계 연간 채굴량이 약 2만 6,000톤8억 3,500만 트로이온스임을 고려하면, 현재의 속도로 채굴할 시 지구상의 은은 앞으로 21~24년이면 완전히 고갈됩니다.

◆ The Silver Institute, 2025 report
◆◆ U.S. Geological Survey, 2025 report

수요가 폭발해도 공급을 늘릴 수 없는 은 산업의 구조

가격이 오르면 새로운 광산을 개발하면 되지 않느냐고 반문할 수 있습니다. 하지만 은 공급에는 치명적인 약점이 있습니다. 순수하게 은만을 목적으로 하는 '전용 광산Primary silver mines'에서 나오는 양은 전체의 25~30%뿐입니다. 나머지 70% 이상은 다른 금속을 캘 때 덤으로 나오는 '부산물By-product'입니다. 즉, 은 수요가 아무리 많아져도 구리나 아연의 수요가 뒷받침되지 않으면 은 공급을 즉각 늘릴 수 없는 구조입니다.

게다가 지난 15년 동안 은 공급망은 처참하게 파괴되었습니다. 대표적인 사례가 JP모건의 시세 조작 사건입니다. 그들은 터무니없이 낮은 가격으로 은값을 억눌러 왔고, 이로 인해 수익성이 악화된 기업들은 새로운 광산 탐사와 투자를 멈춰버렸습니다. 설상가상으로 국제 금융 세력들은 실물 거래가 없는 '종이 은선물 시장' 증서를 이용해 최근까지도 은 가격을 억눌러 왔음이 COT 그래프◆를 통해 확인됩니다.

◆ COT 그래프: 유튜브 '실버아크tv' COT 흑두루미 분석 참조

COT 보고서로 보는 은 시장: 누가 사고 누가 파는가?

COTCommitment of Traders 보고서는 미국 상품선물거래위원회CFTC 가 매주 공개하는 자료로, 선물 시장에서 누가 매수·매도 포지션을 쌓고 있는지 보여줍니다. 광산 업체와 제조사 같은 상업적 참여자, 기관 투자자, 개인 투자자의 포지션이 구분되어 집계됩니다. COT는 가격보다 먼저 시장 참여자들의 심리와 포지션의 쏠림을 보여주는 핵심 보조 지표로 활용됩니다.

자원 전쟁의 서막: 전략 자산이 된 은

전기·전자 시대를 맞아 군사 시설우주선, 미사일, 위성 등과 산업 시설AI 데이터센터, 태양광, 전기차 등에서 은 수요가 폭증하자, 세계 각국은 은을 '전략 광물'로 지정하며 빗장을 걸어 잠그기 시작했습니다.

• 러시아: 2024년 9월, 세계 최초로 은을 금과 함께 중앙은행 지급준비자산Reserve Asset으로 비축하겠다고 공포했습니다.

- 미국: 2025년 11월, 은을 국가 전략 광물로 지정했습니다.
- 중국: 미국의 조치에 맞서 2026년 1월 1일부터 '은 수출 허가제'를 시행하며 자원 무기화에 나섰습니다.

강대국들이 은을 단순한 금속이 아닌 '국가 안보 자산'으로 취급하기 시작한 것입니다. 문제는 이 전략 자산을 실제로 얼마나, 누가 소비하고 흡수하느냐에 있습니다.

글로벌 AI 안보 협력: 미국이 '은값 하한선'을 언급한 이유

2026년 2월 11일, 미국 국무부와 J.D. 밴스 부통령은 영국 벤슨에서 열린 '글로벌 AI 안보 및 협력 서밋Global AI Security & Cooperation Summit'에서 전 세계 55개국 정부 대표단 및 주요 빅테크 기업 CEO들과 함께 이른바 '벤슨 선언'을 발표했습니다.

이 선언에서 은은 AI 핵심 부품인 HBM고대역폭 메모리 및 차세대 반도체 기판·패키징 공정에서 요구되는 '대체 불가능한 전도성 소재'로 분류되며, 안정적 공급을 확보해야 할 전략 자원으로 명시되었습니다. 벤슨 선언의 주요 조항은 다음과 같습니다.

벤슨 선언 핵심 조항

- 공급망 투명성 조항: 55개 참가국은 AI 산업용 은의 채굴·정제·유통 과정을 블록체인 기반 시스템에 기록해 공급망 투명성을 확보하고, 특정 국가의 독점을 방지하기로 합의했습니다.
- 전략적 비축 협조: AI 인프라 안보를 위해 각국은 산업용 은을 전략적으로 비축하며, 시장 가격이 비정상적으로 급등할 경우 공동으로 물량을 방출해 가격을 안정화하기로 했습니다.
- 환경 규제 준수: 은 채굴 과정에서 탄소 배출과 환경 파괴를 최소화하는 '친환경 은' 사용을 권장하고, 이를 준수하는 기업에 대해 AI 관련 보조금 배정에서 우선권을 부여합니다.
- 기술 공유 '마일리지' 제도: 은 사용량을 줄이는 '저低은량 반도체' 기술을 공유하는 국가·기업에는 국제 AI 프로젝트 참여에서 우선권을 부여합니다.

은값 하한선

미국이 은값 하한선 개념을 꺼내 든 배경은 단순합니다. 은 광산 채굴업자에게 최소한의 가격 안정성을 보장해 공급 확대를 유도하고, 동시에 선물 시장 등에서 은값이 과도하게 낮게

눌리는 상황_{가격 왜곡}을 용인하지 않겠다는 정책적 의지입니다.

또한 미국은 은 가격이 너무 낮아지면 채굴 기업의 재정이 악화되어 공급망 자체가 붕괴할 수 있고, 반대로 너무 높아지면 중소 국가들이 AI 경쟁에서 탈락해 지정학적 불안이 커질 수 있다고 우려합니다. 즉, 은값을 '시장에만 맡기는 문제'가 아니라 AI 안보의 핵심 변수로 보기 시작한 것입니다.

'은 하한가'의 범위와 의미

미국 국무부가 산업 생태계 붕괴를 막기 위한 심리적·정책적 가격 하한가를 온스당 50~70달러 수준으로 설정하고, 해당 가격대 이하에서는 정부가 매입하는 방안을 검토한다는 구상은 이렇게 해석될 수 있습니다.

- 가격이 너무 낮을 때: 채굴·정제 투자 위축 → 공급 감소 → 실제 부족이 더 악화
- 가격이 너무 높을 때: AI 인프라 구축 비용 급등 → 신흥국·중소국 탈락 → 글로벌 AI 블록화 심화

결국 벤슨 선언은 은 가격을 예측 가능한 범위 안에 두는 것을, 글로벌 AI 안보의 중요한 조건으로 규정한 셈입니다.

투자자 관점에서 보면 이는 "은 가격이 '완전히' 자유낙하하도록 방치하지 않겠다"는 신호로 읽을 수 있습니다. 또한 '전략적 비축 협조' 조항은 비정상적 급등을 완화하려는 안전장치이지만, 그 자체가 은이 '지금도 부족하고 앞으로 더 부족해질 자원'이라는 전제 위에서 설계된 장치라는 점이 핵심입니다. 따라서 이는 수요·공급에 기반한 정상적인 상승 추세까지 부정하기 위한 장치라기보다, 시장 쇼크를 관리하기 위한 '안보형 완충장치'로 보는 해석이 가능합니다.

기축통화의 교체 주기와 '진짜 돈'의 복귀

역대 기축통화의 수명을 보면 세계 경제의 중심축은 꾸준히 이동해 왔습니다.

- 포르투갈 레알화: 약 90년1450~1530
- 스페인 페소화: 약 110년1530~1640
- 네덜란드 길더화: 약 80년1640~1720

- 프랑스 리브르/프랑화: 약 95년1720~1815
- 영국 파운드화: 약 105년1815~1920
- 미국 달러화: 100년 이상1920~현재

현재 달러 기축 체제가 향후 10~20년 안에 변곡점을 맞을 수 있다는 전망이 확산되는 상황에서, 수천 년 동안 '돈'으로 기능해 온 금과 은을 다시 포트폴리오에 편입하는 선택은, 단순한 투기를 넘어 통화 질서 변화에 대비하는 전략으로 해석될 수 있습니다.

인구 대국 인도와 중국의 움직임

은의 생산과 소비를 이해하기 위해선 특히나 인구 대국인 인도와 중국을 반드시 살펴봐야 합니다. 두 나라의 인구를 합치면 약 28억 7,000만 명으로, 전 세계 인구의 1/3이 넘습니다.

- 인도14억 7,600만 명: 인구의 절반 이상이 30세 이하인 젊은 국가로, 인구와 은 소비량이 계속해서 증가할 예정입니다.
- 중국14억 260만 명: 저출산 고령화로 인구는 감소 추세지만, 앞

서 언급한 '수출 허가제'에서 알 수 있듯 은의 공급망을 장악하고 있는 핵심 국가입니다.

은은 더 이상 시장에 맡겨진 금속이 아닙니다. 총량은 한정돼 있고, 공급은 즉각 늘릴 수 없으며, 국가는 이미 이를 전략 자산으로 규정했습니다. 이제 남은 질문은 하나입니다. 이 은을 누가, 얼마나 빨아들이고 있는가.

PART 3

은과 자산_
40년
은 투자자로
살다 보니

나의 운명적인
은 투자 히스토리

4남매 중 장남인 저는 여덟 살 초등학교 입학 전, 증조할아버지 댁에서 2년을 살았습니다. 월세로 남의 집에 얹혀 사는 부모님의 부담을 덜어드리기 위해서였지만, 증조할아버지·증조할머니·할아버지·할머니의 내리사랑은 어린 가슴에 깊이 새겨졌습니다.

어머니가 보고 싶어 밤새 눈물 흘린 적도 많았고, 그 탓인지 다섯 살이 넘어서도 이불에 오줌을 쌌습니다. 그러면 아침마다 '키'옛날에 곡식을 고를 때 쓰던 도구를 머리에 쓰고 이웃집으로 가야 했습니다. 이웃 할머니들은 웃으시거나 때론 꾸짖으시며 소금을 던

저주셨고, 저는 키로 그것을 받아왔습니다.

이는 키로 곡식을 까불러 알곡과 쭉정이를 가려내듯, 아이의 나쁜 버릇을 털어내고 좋은 아이가 되라는 훈육의 의미가 담긴 '창피 주기' 풍습이었습니다. 하지만 심리적 문제가 나아지지 않아 거의 매일 키를 썼습니다. 덕분에 지금까지도 얼굴이 두꺼운지도 모릅니다.

증조할머니가 주신 은반지

증조할머니는 어린 것이 엄마를 그리워한다는 것을 아셨는지, 옛날 이야기를 해주시던 어느 날 손가락에 끼고 계신 은반지를 빼 제게 주셨습니다.

"이것을 방물장수여기저기 돌아다니며 물건을 파는 사람에게 살 때는 제법 값이 나갔는데, 요즘은 값이 없구나. 네가 가지고 있다가 어머니께 드리거라."

이제 할머니의 옛날 이야기는 기억나지 않지만, 은반지는 그날부터 지금까지 제 가슴에 콕 박혀 있습니다.

한국 은화

그렇게 시작된 은과의 사랑은 1986년 서울 아시안게임 때 이어졌습니다. 아버지가 선물을 받으셨다며 은화 여섯 개가 담긴 상자를 건네주셨는데, 그때 처음 한국 은화를 만났습니다.

1988년에는 올림픽 기념 은화를 화동양행에서 샀습니다. "10년 후의 높은 가치"라는 광고에 혹해 없는 돈을 짜내어 구입했지만, 10년이 아니라 40년이 다 되어가는 지금까지도 당시 매입 금액의 가치에 도달하지 못했습니다.

외국 은화

그렇게 시작된 은화 사랑은 나라 밖에서도 이어졌습니다.

미국에서 회사를 다닐 때는 매주 벼룩시장에 가서 아이들 선물을 사는 것이 취미였는데, 그곳에서 미국 이글 은화를 만났습니다. 그날 가지고 있던 돈을 탈탈 털어 45달러에 1개를 샀습니다.

중국에서 일할 때는 2000년부터 매년 발행되는 판다 은화를 몇 개씩 모았습니다. 2009년에는 우연히 공산당 간부와 오스트

국가별 대표 실물 은화 컬렉션입니다. 좌측 상단부터 영국의 브리타니아, 남아공의 크루거랜드, 캐나다의 메이플 리프와 좌측 하단 미국의 실버 이글, 호주의 캥거루 은화순입니다.
정교한 도안과 높은 순도로 전 세계에서 가장 널리 유통되는 1온스 규격의 불리온 코인들입니다.

리아 여행을 하게 되었는데, 번화가에 기념 코인 상점이 있어 들어가 보니 관광객들로 가득했습니다. 그곳에서 남아공에서 발행한 코끼리 은화상점에서 가장 싼 은화를 50유로에 2개 사서, 1개는 제가 가지고 1개는 공산당 형님께 선물했습니다.

3-2

은의 역사와 함께한 개인 투자의 길

그렇게 은과의 인연을 이어오던 중, 2019년 7월 '실버아크 TV'라는 유튜버를 접하게 되었습니다. 평소 관심을 두고 있던 은 이야기에 자연스럽게 몰입하게 되었지만, 당시 저는 인도네 시아에서 아내와 함께 일을 하고 있던 터라 실물 은에 직접 접 근하기는 쉽지 않은 상황이었습니다.

SLV: 종이 은과의 첫 만남

대신 선택한 것이 미국 블랙록에서 발행한 실물 기반 은 ETF, SLV였습니다. 당시 가격은 주당 13달러였고, 금은비가 약 1대 120에 달하던 시기였기에 "정말 드문 기회"라고 주변 사람들에게 알렸습니다. 하지만 아내만 마지못해 소량을 매수했을 뿐, 대부분은 귀를 기울이지 않았습니다.

예상대로 SLV 가격은 거의 매일 수십 센트씩 상승했고, 한 달쯤 지나자 20달러를 넘어섰습니다. 가격이 오를수록 마음은 점점 조급해졌고, '지금 팔아야 하나'라는 생각이 머릿속을 떠나지 않았습니다.

결국 주가가 30달러에 도달하기 전, 보유 물량의 절반을 매도했습니다. 미국 주식의 경우 연말에 손실 종목을 함께 매도하면 이익분에 대한 양도소득세 22%를 상계할 수 있다는 제도를 염두에 둔 선택이었습니다. 나머지 절반은 더 큰 상승을 기대하며 어렵게 마음을 다잡고 보유를 이어갔습니다.

실버 스퀴즈와 신뢰의 균열

그러나 2020년 이후, 월스트리트 베츠를 중심으로 한 이른바 '게임스탑 세력'이 실버 스퀴즈 운동을 본격화하면서 상황은 급변했습니다. 실물 은에 대한 수요가 폭증하자, 블랙록은 2021년 2월 3일 SLV 투자설명서의 핵심 문구를 수정해 발표했습니다.

기존의 "SLV 1주는 실물 은 1온스를 즉시 매입해 보관한다"는 구조 대신, 운용에 필요한 충분한 양의 실물 은을 즉각 확보하지 못할 수도 있으며, 은 공급 부족 시 신규 주식 발행을 중단할 수 있다는 내용이 명시된 것입니다.

이 발표를 접한 순간, 저는 보유 중이던 SLV를 약 25달러 선에서 전량 매도하기로 결정했습니다. 그리고 '이제는 종이 은이 아니라 실물 은을 사야겠다'는 계획을 세웠습니다.

실물 은의 현실적인 장벽

마침 한국으로 휴가를 나갈 기회가 생겨 실물 은을 확보하려고 여기저기 알아보았지만, 현실은 생각보다 훨씬 녹록지 않았습니다.

실물 은을 매수할 경우 '부가가치세 10%+은괴 가공비 약 1%+금거래소 수수료 약 9%+운반비+은 시장 공시 가격'이 더 해집니다.

반대로 실물 은을 매도하려 하면, 은 시장 자체가 활성화되어 있지 않다 보니 금거래소의 매입가는 시장 가격보다 5~10% 낮게 책정되고, 여기에 다시 5~10%의 운영 비용이 요구됩니다.

결국 은 가격이 매입가 대비 최소 30% 이상 상승해야 본전이라는 구조가 됩니다. 이 현실적인 장벽이 실물 은 투자를 고민하는 많은 사람들의 발걸음을 멈추게 만드는 이유이기도 합니다.

위탁매매: 은을 '맡긴다'는 선택

저 역시 이런 고민을 하던 중, 부산에 부모님을 뵈러 갔다가 '배재한의 금 토크'라는 유튜브 채널을 접하게 되었습니다. 그 과정에서 위탁매매라는 합법적인 절세 방식이 있다는 이야기를 처음 들었습니다.

마침 부산에서 가까운 창원에 배재한님이 운영하던 지점이 있어 직접 찾아갔고, 그곳에서 위탁매매 방식으로 은괴 한 개에 78만 원에 구매했습니다.

당시 시세 기준으로도 꽤 괜찮은 가격이었는데, 위탁매도를 맡긴 분이 자금 사정이 급해 시세보다 조금 저렴하게 나온 물건이라는 설명을 들었습니다. 이 과정에서 배재한님^{현 골드나라 대표}의 설명도 인상 깊었고, 뜻밖의 행운처럼 2달러 지폐와 백화점 상품권까지 챙겨 주셔서 아내가 유난히 좋아했던 기억이 납니다.

그날의 일은 아직도 생생한데, 벌써 5년이 지났다는 사실이 새삼스럽습니다. 이 자리를 빌려 다시 한번 감사의 마음을 전하고 싶습니다.

현재 은 가격 시세를 보면 600만 원 선을 오르내리고 있으니, 단순 계산으로도 2~3배가 아니라 7배 이상 오른 셈입니다. 다만 실물 은은 파는 것 자체가 일이 되다 보니, 제 성격 탓인지 여전히 그대로 보관하고 있습니다.

솔직히 말하면 중간에 수량을 더 늘리고 싶었던 적도 여러 번 있었습니다. 하지만 아내가 "남의 집에 또 맡겨두는 것도 민폐다"라고 말리는 바람에 상담을 중단한 적도 적지 않습니다.

보관에 따른 도난 위험이 현실적인 고민이기는 하지만, 대부분 아파트 생활을 하고 청소기에도 카메라가 달린 세상에서 도난 걱정을 과도하게 할 필요가 있을까 하는 생각도 듭니다.

불리온 코인의 성지, 코인즈투데이

SLV를 정리한 뒤 실물 은을 사기 위해 여러 판매처를 찾아보던 중, 코인즈투데이coinstoday.co.kr를 알게 되었습니다. 그곳에서 메이플 은화와 캥거루 은화를 개당 약 2만 7,000원에 구매해, 서울에 있는 아들 집으로 배송시켰습니다. 당시 기준으로는 제가 확인한 범위 안에서 불리온 코인을 가장 저렴하게 판매하던 곳이었습니다.

최근 다시 홈페이지를 방문해 보니 위탁 판매 안내가 추가되어 있었고, 예전보다 접근 방식이 다소 복잡해진 인상을 받았습니다.제가 외국에 있어 인증이나 결제 과정이 더 까다롭게 느껴졌을 수도 있습니다.

참고로 2026년 2월 15일 기준 KPMEX 1트로이온스 가격이 16만 720원이었으므로, 제가 구매했던 단가와 비교하면 약 5.9배 수준의 상승 구간을 지나온 셈입니다. 결과적으로 제 경우에는 매년 체감 수익률이 100%를 넘는 해도 있었습니다.

성격에 맞는 투자가 답이다

제가 실물 은을 좋게 평가하는 이유는 의외로 단순합니다. 가격이 올랐다고 해도 금거래소까지 직접 들고 가거나, 택배 서비스를 통해 보내야 하는 과정 자체가 휴대폰 화면을 몇 번 터치하는 것보다 훨씬 번거롭기 때문입니다. 그 번거로움 덕분에 웬만하면 팔지 않고 그대로 두게 되었고, 결과적으로 여기까지 오게 되었습니다.

한편 아내는 여전히 저를 약올립니다. 제가 볶아대다시피 해서 억지로 매수하게 만든 SLV의 평균 매입가가 13.5달러인데, 아직까지도 그 물량을 보유하고 있기 때문입니다.

"조금 더 살걸 그랬지. 당신 말 들었으면 더 좋았을 텐데."

이런 말을 들으면 딱히 반박할 말도 없습니다. 아내가 돈을 벌어도 괜히 배가 아픈 걸 보면, 앞집 사람이 논을 샀어도 분명 배가 아팠을 겁니다.

SLV의 장점은 수익이 즉각적으로 눈에 보이고, 모니터로 확인할 수 있다는 점입니다. 하지만 이것은 저처럼 성급한 사람에게는 단점이고, 마음이 느긋한 사람에게는 분명한 장점이 됩니다.

모든 투자에는 늘 빛과 어둠이 공존합니다. 저처럼 조급하고 성질이 급한 유형에게 SLV 같은 ETF나 주식 투자는 늘 위험합니다. 남들이 살 때 따라 사고, 호재에 열광했다가 남들이 팔기 시작하면 패닉에 빠집니다. 정보는 항상 한 발 늦고, 결과는 적게 벌고 많이 잃는 패턴으로 귀결되기 쉽습니다.

반면 실물 은은 한 번 사서 믿을 수 있는 분께 맡겨두면, 세상만사가 한결 편안해집니다. 저에게 실물 은 투자는 수익률 이전에 성격을 관리해 주는 투자였고, 그래서 지금까지도 가장 잘 맞는 방식이라고 생각합니다.

실버팩토리: 고수들이 열어준 은의 세계

은을 조금씩 모으다 보니 자연스럽게 은에 대한 관심이 급격히 커졌고, 여기저기서 은이 좋다는 이야기를 하며 자발적 '은 전도사' 역할을 하게 되었습니다. 그러던 중 지인의 소개로 네이버 카페 '실버팩토리'를 알게 되었습니다.

2021년 7월 4일, 아내가 남대문 도매시장에서 사준 아메리카 원주민 문양이 새겨진 은팔찌를 대표 사진으로 설정해 가입했고, 그 이후로 지금까지 활동을 이어오고 있습니다. 다만 구매 인증을 부지런히 올리지 못해 아직 '인정회원'이 되지는 못했

북경 판자웬에서 구매한 은 목걸이와 주전자입니다.
시간에 따라 은이 검게 변색됐지만 은의 가치는 변하지 않습니다.

고, 현재는 '열심회원' 단계에 머물러 있습니다. 한국에 돌아가게 되면 나눔도 하고, 보다 적극적으로 활동해 볼 계획을 갖고 있습니다.

실버팩토리의 진짜 힘

현재 약 6만 5,000명의 회원이 활동 중인 실버팩토리는, 제가 막연히 짐작하던 은의 가치에 대한 확신과 이해를 한 단계 끌어올려 준 공간입니다. 여러 고수들의 글을 읽으며 은을 바라

보는 시야가 넓어졌고, 제 장점이자 단점인 '확인하고 꼬치꼬치 따지는 성향'을 마음껏 발휘하며 스스로 성장할 수 있었습니다.

제가 느끼는 실버팩토리의 가장 큰 장점은, 초보자들이 은의 세계에 부담 없이 빠져들게 만드는 묘한 흡인력에 있습니다. 가입과 동시에 선배 회원들의 응원과 격려가 이어지고, 엄격하지만 합리적인 운영 규칙 아래 서로를 존중하며 취미와 투자를 함께 즐기는 분위기가 잘 형성되어 있습니다.

예쁜 은은 안 팔게 된다

가격은 매도자가 자유롭게 책정할 수 있지만, 지나치게 높게 부르면 철저히 외면받는 분위기가 형성되어 있어 자연스럽게 시세보다 낮은 가격이 형성되는 불문율도 느껴집니다. 요즘은 재테크 목적의 매물이 많아졌지만, 제가 활발히 매수하던 시기에는 파베르제의 달걀, 일본 거장의 작품, 반가사유상 같은 예술적 가치가 높은 작품들도 종종 매물로 올라왔습니다.

투자의 기본 원칙은 '관심이 적을 때 사서, 관심이 높을 때 판다'는 것이겠지만, 예쁘면서도 돈이 되는 은은 가격이 아무리 올라도 쉽게 손이 가지 않습니다. 예를 들어 비너스로 제작된 1킬

빛과 형태, 이야기까지 담아내는 은은 단지 비싼 금속이 아닙니다.
은으로 만든 예술품의 가치는 숫자로만 재단하기 어렵습니다.

로그램 은 조각 같은 경우입니다.

실버팩토리에서는 일정 횟수 이상의 거래와 신뢰를 쌓은 '인
정회원'만 매물을 올릴 수 있습니다. 매수자 입장에서는 선입금
에 대한 부담이 있을 수 있지만, 제가 백여 차례 매수한 경험 동
안 가품이나 미배송 문제는 단 한 번도 없었습니다.

비슷한 성격의 카페로 '수집114' 등도 있지만, 회원 수가 많은
만큼 매물의 다양성과 은 관련 뉴스, 의견 교류 측면에서는 실
버팩토리가 가장 활발하다고 느꼈습니다.

PART 4

은과 화폐_ 새로운 돈으로서의 실험

내가 40년 동안 팔지 않고 계속 산 이유

키오스크 앞에서 멈칫하는 60대 친구들을 보며, 우리는 이 변화가 단순히 '불편한 기술'의 문제라고 생각하기 쉽습니다. 그러나 디지털로 바뀌는 것은 결제 방식이 아니라, 화폐를 통제하는 권력 그 자체입니다. 그리고 화폐의 주권을 잃었을 때 어떤 일이 벌어지는지, 우리는 이미 1997년에 뼈저리게 경험했습니다.

디지털 화폐 전쟁: 누가 미래의 돈을 지배할 것인가

미국 트럼프 정부는 'CBDC 감시 국가 방지법'을 통해 연준이 직접 디지털 화폐CBDC를 발행하는 것을 금지했습니다. 정부가 국민의 모든 결제 내역을 들여다보는 '빅 브라더'◆가 되는 것을 막고, 민간의 스테이블 코인이 미국 국채를 담보로 발행되게 함으로써 달러의 지위를 공고히 하려는 목적입니다.

반면 중국은 2014년부터 국가 주도의 디지털 위안화를 준비해 왔습니다. 현재 25개 도시에서 시범 운영 중이며, 2026년 1월부터는 디지털 위안화에 이자를 지급하는 파격적인 혜택까지 내걸었습니다. 이는 달러 기반의 국제 결제 시스템SWIFT에서 벗어나 위안화 경제권을 구축하려는 치밀한 전략입니다.

한국 또한 원화 스테이블 코인을 준비 중이지만, 수백만 명의 외국인 근로자들이 이미 달러 기반 코인을 원하고 있어 통화 주권을 지키기가 쉽지 않습니다. 한양대학교 오태민 교수의 의견처럼, 이제는 소극적인 방어보다 삼성의 하드웨어와 한국의 IT를 결합해 금융 허브로 나아가는 공격적인 행보가 필요합니다.

◆ Big Brother: 조지 오웰의 소설 『1984』에 등장하는 빅 브라더는 전체주의 국가 오세아니아를 지배하는 절대 권력의 상징입니다. 보이지 않는 통치자이지만 절대적인 권위를 가지고 있으므로 철저한 감시자이자 공포와 숭배의 대상입니다.

잊을 수 없는 1997년의 피눈물

금융 주권을 잃었을 때 어떤 일이 벌어지는지 우리는 이미 1997년 IMF 외환위기를 통해 뼈저리게 경험했습니다. 대포와 총칼이 없어도, 금융만으로도 한 나라를 무너뜨릴 수 있다는 사실을 그때 처음으로 배웠습니다. 당시 30대 대기업 가운데 17개가 도산했고, 은행 26곳 중 16곳이 문을 닫았습니다.

800원에 빌린 달러를 1,960원에 갚아야 했던 기업들은 환율 앞에서 속수무책으로 무너졌고, 수많은 노동자들이 하루아침에 일터를 잃었습니다.

그러나 IMF가 남긴 가장 뼈아픈 상처는 단순한 기업 파산이 아니었습니다. 그것은 눈에 잘 보이지 않는 '종자 주권'의 상실이었습니다.

한국의 5대 종묘 회사 가운데 흥농, 중앙, 서울, 청원종묘가 차례로 외국 자본에 넘어갔습니다. 오직 농우바이오만이 창립자 고故 고희선 씨가 사재를 털어 지켜냈지만, 그마저도 사후 상속세 부담을 견디지 못하고 결국 농협에 매각되는 안타까운 결말을 맞았습니다.

그 결과, 우리는 우리 땅에서 나는 채소를 먹기 위해 외국 기업에 로열티를 지불하는 나라가 되었습니다. 경제 주권을 잃었을 때 치러야 하는 대가는, 단지 돈이 아니라 삶의 기반 그 자체였습니다.

홍농과 중앙종묘를 인수한 미국의 세미니스는 이후 몬산토로 넘어갔고, 몬산토는 다시 독일의 바이엘에 인수되었습니다. 이 과정에서 전 세계를 충격에 빠뜨린 사건이 하나 있었습니다.

1998년, 몬산토가 유전공학 기술로 씨앗이 스스로 번식하지 못하도록 만드는 '터미네이트 종자Terminate Seed' 특허를 가진 델타 앤 파인랜드를 인수하려 했던 일입니다.

이 소식이 알려지자 전 세계적으로 거센 반대가 일어났고, 결국 몬산토 회장은 이 기술을 상업적으로 사용하지 않겠다고 공식 선언했습니다. 그러나 문제는 해결되지 않았습니다. 오늘날에도 하이브리드 종자F1 종자◆구조를 통해 농민들이 매년 씨앗을 새로 구입할 수밖에 없는 시스템은 여전히 유지되고 있습니다.

경제 주권을 잃는 순간, 기업과 금융만 흔들리는 것이 아닙니다. 한 나라의 미래와 생존, 그리고 인류가 수천 년 동안 이어온 씨앗을 남길 권리마저 기업의 수익 구조 안으로 편입됩니다.

IMF는 단순한 경제 위기가 아니라, 우리가 무엇을 지켜야 하

◆ F1 종자: First Filial Generation. 서로 다른 형질을 가진 두 순계(純系) 부모를 인위적으로 교배해 얻은 1세대 종자입니다. 이 1세대에서는 '잡종강세(heterosis)'가 나타나 생육이 빠르고 수량이 많으며 형질이 균일하다는 장점이 있습니다. 다만 F1에서 채종해 2세대(F2)를 재배하면, 유전 형질이 분리되어 부모의 특성이 제각각 나타납니다. 그 결과 크기·맛·수확량 등이 균일하지 않거나 기대한 성능이 유지되지 않아 상업적으로는 활용 가치가 낮아집니다.

는지를 뒤늦게 알려준 비싼 수업이었습니다.

생일날 터진 IMF, 28년의 타향살이

저에게 IMF는 통계 수치가 아닌 삶의 궤적을 바꾼 트라우마입니다. 현대자동차 울산 공장에서 서울 본사로 올라온 지 1년 반 만인 1997년 12월 3일, 바로 제 생일날 IMF가 터졌습니다. 사장상까지 받으며 회사에 뼈를 묻으려 했던 결심은, 존경하던 선배들이 정리해고되는 광경 앞에서 한순간에 무너졌습니다. 결국 저는 1998년 말 사표를 던지고 미국으로 떠났고, 28년이 지난 지금까지 외국을 떠돌고 있습니다.

정부의 방만한 통화 운용은 결국 화폐 가치의 하락을 불러옵니다. 1997년 11월 800원이던 환율이 2,000원까지 치솟았던 그 광기 어린 시절을 잊어서는 안 됩니다.

IMF 이후 원화 가치의 장기 하락

연도	평균 환율	비고
1998	1,395원	IMF 외환 위기
1999~2007	1,000~1,200원	점진적 안정세 2007년 평균 929원

2008	1,102.6원	글로벌 금융 위기
2009	1,276.4원	글로벌 금융 위기
2010~2021	1,050~1,180원	박스권 유지
2022	1,292.2원	미국 금리 인상 및 포스트 코로나 영향
2023	1,305.4원	고물가 및 경기 불확실성 지속
2024	1,360원	강달러 현상 심화
2025	1,422원	역대 최고 연평균 환율 기록
2026	1,460~1,470원	연초 상승세 지속 중

현재의 환율은 2007년 최저점 대비 50% 이상 상승했습니다. IMF 시기의 평균조차 뛰어넘은 이 위험한 시기에, 우리는 각자도생의 마음으로 준비해야 합니다. 태풍에 휩쓸리지 않고 나와 내 가족을 지킬 수 있는 안전한 투자가 무엇인지 고민해야 할 시기입니다.

화폐가 디지털로 바뀌고, 국가의 통제력이 강화될수록 역설적으로 사람들은 손에 쥘 수 있는 실물 자산을 찾게 됩니다. 그래서 화폐 전쟁의 시대에, 은은 국가가 아닌 개인이 쥘 수 있는 '주권의 언어'로 다시 돌아오고 있습니다.

4-2

비트코인, 이더리움의 한계가
은 투자를 더욱 빛낸다

비트코인: 수학이 보증한 화폐 실험

비트코인은 2008년 글로벌 금융 위기 당시, 기존 금융 시스템에 대한 깊은 불신에서 시작되었습니다. 정부나 은행의 자의적인 판단에 휘둘리지 않고, 오직 수학과 암호학의 법칙으로만 작동하는 시스템을 꿈꾼 것이죠.

비트코인의 비전은 명확합니다. 총 발행량을 2,100만 개로 한정해 희소성을 수학적으로 검증할 수 있고, 누구도 마음대로 찍어낼 수 없으며, 익명성을 보장받으면서도 투명하고 자유로

운 거래가 가능한 화폐를 만드는 것입니다.

가격이 증명한 신념

비트코인의 가치는 드라마틱하게 변해왔습니다. 2009년 당시 비트코인 1만 개는 고작 피자 두 판약 7달러 값에 불과했지만, 2026년 1월 현재는 무려 9만 900달러라는 가치를 인정받고 있습니다.

오태민 교수는 유튜브 '경제 읽어주는 남자'에서 흥미로운 주장을 펼쳤습니다. 이미 시장이 형성된 상태에서 블록체인이라는 기술적 토대는 완성되었으니, 이제 화룡점정처럼 정부의 제도적 보완지니어스법, 클래리티법 등만 갖춰진다면 비트코인과 이더리움의 가격이 날개를 달고 무섭게 도약할 것이라는 전망입니다.

구조적 리스크라는 그림자

저 역시 비트코인의 엄청난 가능성과 상승 잠재력에는 공감합니다. 하지만 투자에는 매우 신중한 편입니다. 암호화폐 거래소는 기존 은행과 달리, 최종 책임을 지는 주체가 명확하지 않기 때문입니다.

- 운영 리스크: 세계 3위 규모였던 FTX2022년 파산처럼 설립자

의 횡령이나 분식회계로 언제든 무너질 수 있습니다.

- 보안 리스크: 2014년 세계 최대 거래소였던 마운트곡스처럼 해킹으로 파산할 위험도 여전합니다.

어렵게 모은 소중한 자산을 이런 위험천만한 곳에 맡기는 것은 제 신념으로는 선뜻 용납되지 않습니다.

개인의 신념과 기업의 베팅은 다르다

저는 운 좋게도 지인의 권유로 1비트코인을 3,000달러 대에 구매할 기회가 있었습니다. 저는 이 비트코인이 어디까지 오르는지 지켜보다가, 훗날 1억 사토시로 나누어질 때 사토시당 가격이 수백 원 정도가 된다면 북한 동포 돕기 재단에 기부할 계획입니다. 만약 가격이 생각만큼 오르지 않는다면 제 노후 자금으로 소중히 쓰겠지요.

한편, 기업 차원에서 비트코인에 가장 진심인 곳은 단연 마이크로스트래티지MSTR입니다. 설립자 마이클 세일러는 '비트코인 국고 전략'을 통해 단순히 여유 자금으로 사는 수준을 넘어, 주식이나 채권을 발행해 돈을 빌려 비트코인을 추가 매수하는 공격적인 투자를 이어가고 있습니다.

　2026년 1월 기준, 이들은 약 68만 7,410개를 보유한 세계 최대의 비트코인 보유 상장사입니다. 매수 평단가는 3~4만 달러 수준으로 추정되며, 1% 미만의 저금리 전환사채CB로 자금을 조달하고 있습니다. 비트코인 가격이 평단가 밑으로 떨어진다면 기업의 존폐가 위태로워질 수도 있는, 비트코인의 변동성이 곧 기업 신용 리스크로 전이되는 구조입니다. 그야말로 비트코인의 운명과 궤를 같이하는 전략이라 할 수 있습니다.

이더리움: 단순한 화폐를 넘어선 '거대한 컴퓨터'

　이더리움 개발자 비탈릭 부테린은 1994년 1월 31일 모스크바 근교에서 태어나 6살 때 부모님과 함께 캐나다로 이민을 갔습니다. 어릴 때부터 수학과 프로그래밍에 천재적인 재능을 보였으며, 19세인 2013년에 이더리움 백서를 작성했습니다.

　그가 블록체인의 핵심인 탈중앙화에 집착하게 된 계기는 게임 〈월드 오브 워크래프트WoW〉 때문이었습니다. 자신이 아끼던 캐릭터의 기술 기능이 운영사에 의해 대폭 축소되자, 중앙집권화된 권력이 얼마나 위험한지를 깨닫게 된 것입니다.

이더리움 백서 요약

비트코인이 '돈'이라면, 이더리움은 '돈이 흐르는 운영 체제'입니다.

- 월드 컴퓨터World Computer 비전: 비트코인이 단순히 결제와 가치 저장을 위한 화폐라면, 이더리움은 그 위에 '스마트 계약Smart Contract'을 올릴 수 있는 거대한 컴퓨터가 되겠다는 비전을 제시합니다.
- 튜링 완전성Turing Completeness: 이더리움은 어떤 복잡한 논리나 프로그램도 블록체인 위에서 실행할 수 있는 프로그래밍 언어를 내장하여 튜링 완전성을 갖추었습니다. 이를 통해 우리가 아는 디파이DeFi, NFT, DAO 등의 탄생이 가능해졌습니다.
- 가스GAS 비용: 네트워크 남용을 막기 위해 프로그램을 실행할 때마다 일정한 비용수수료인 가스비를 지불하도록 했습니다.

공급량이 아닌 '속도'를 관리한다

이렇게 등장한 이더리움의 발행량은 2026년 1월 기준 약 1억 2,040만 개에서 1억 2,100만 개 사이를 유지하고 있습니다. 이더리움은 최대 발행량에 제한이 없는 '무제한 발행' 구조임에도 불구하고 가격이 유지되는데, 이는 단순히 코인을 찍어내기만 하는 것이 아니라 네트워크 사용 수수료를 활용해 시중의 코인을 없애버리는 '소각 시스템'을 갖추고 있기 때문입니다.

네트워크 사용량이 많아져 소각되는 양이 새로 발행되는 양보다 많아지면 전체 코인 개수는 오히려 줄어들게 됩니다. 이더리움 지지자들은 이러한 특성을 '울트라 사운드 머니Ultra Sound Money'라고 부르며, 비트코인보다 더 강력한 희소성을 가질 수 있다고 주장합니다.

발행 한도를 따로 정하지 않은 이유는 보안 유지와 관련이 있습니다. 만약 코인 발행이 완전히 종료되면 네트워크를 지키는 검증인들에게 줄 보상이 부족해질 수 있기 때문입니다. 따라서 이더리움은 네트워크의 보안 수준을 일정하게 유지하기 위해 검증인들에게 최소한의 보상을 지속적으로 지급하는 방식을 채택하고 있습니다.

이더리움은 왜 '쓰일수록' 비싸지는가

또한 플랫폼으로서의 생태계를 유지하기 위해서는 일정한 유동성이 필요하다고 판단했습니다. 천재적인 개발자가 프로그램을 꾸준히 연구하고 끊임없이 업데이트한 결과, 이더리움은 시장에 성공적으로 적응했습니다. 특히 2022년 9월 '더 머지The Merge' 업데이트 이후에는 소각량이 발행량을 앞지르는 구간이 나타나기 시작했으며, NFT와 디파이 거래가 활발했던 2023년에는 실제로 몇 달간 전체 발행량이 줄어드는 현상이 관찰되기도 했습니다.

2025년에는 아비트리움♦과 옵티미즘♦♦ 같은 레이어2L2 솔루션으로 거래가 분산되면서 메인넷의 가스비 소각량이 일시적으로 줄어들기도 했습니다. 하지만 2026년에는 '기관 자산의 토큰화RWA'와 스테이블코인 결제의 증가로 인해 소각량이 다시 서서히 늘어날 것으로 예상됩니다.

2027년부터 2030년 사이에는 '덴쿤Dencun' 이후의 단계별 업그레이드들이 마무리되면서 이더리움이 완전히 정착될 전망입

♦ 아비트리움: 이더리움의 고질적인 문제인 느린 속도와 비싼 수수료(가스비)를 해결하기 위해 만들어진 레이어2(L2)의 보조 네트워크

♦♦ 옵티미즘: 아비트리움과 경쟁관계에 있는 기술로 모든 거래가 문제가 없을 것(낙관적)이라고 가정하고 밖에서 한꺼번에 처리한 뒤 그 결과만 묶어서 이더리움 메인넷에 기록함

니다. 기업용 블록체인 수요가 폭발하는 이 시기에는 네트워크 사용량이 발행량을 훨씬 상회하여, 전체 코인 개수가 연간 약 0.5~1%씩 영구적으로 줄어드는 구간이 고착화될 것으로 보입니다. 이에 따라 이더리움 가격이 폭등할 것이라는 전망이 우세합니다. 결국 이더리움의 가격 상승 원리는 간단합니다.

• 사용 증가 → 가스 소각 증가 → 순발행 감소 → 희소성 강화

네트워크가 바빠질수록 소각되는 양이 많아지므로, 이더리움 위에서 구동되는 애플리케이션App이 얼마나 많아지느냐가 핵심입니다.

봉이 김선달의 대동강, 그리고 가상화폐의 유혹

비트코인이나 이더리움을 공부하다 보면 대동강 물을 팔아먹은 봉이 김선달이 떠오르기도 합니다. 가상화폐 매니아물장수들에게 코인을 먼저 나누어 주어 투자자를 유혹하고, 대동강가상화폐의 가치를 부풀리며 온갖 역사와 장점을 설명해 인간의 탐욕을 자극합니다. 이후 가격이 급등하면 시장 가격을 해치지 않는 선에서 한양 상인마지막 투자자에게 매각하여 이익을 챙기는 구조가 봉이 김선달의 수법과 매우 유사하다는 생각이 듭니다.

비트마인 이머전 테크놀로지스

비트마인 이머전 테크놀로지스BMNR는 원래 비트코인 채굴과 침수 냉각 기술을 제공하던 하드웨어 중심의 기업이었으나, 2025년 톰 리가 이사회 의장을 맡으면서 이더리움 중심의 디지털 자산 운용사로 체질을 완전히 개선했습니다. 2026년 1월 기준 417만 개의 이더리움ETH을 보유하고 있으며, 전 세계 이더리움 공급량의 5%를 확보하는 것을 장기 목표로 삼고 있습니다. 최근에는 주주총회를 통해 주식 수를 100배까지 늘리는 안건에 대해 주주들의 동의를 얻기도 했습니다. BMNR의 수익 구조는 다음과 같습니다.

- 이더리움의 가격이 오르면 순 자산가치NAV가 직접적으로 상승합니다. 보유한 이더리움을 네트워크에 스테이킹하여 2~3% 수준의 보상을 받습니다.
- 디파이 활용: 보유 자산을 담보로 유동성을 확보하거나 금융 서비스를 통해 추가 수익을 창출합니다.
- 회사의 뿌리가 되는 비트코인 채굴 및 인프라 서비스를 통해 안정적인 현금 흐름을 창출하는 역할을 합니다.
- 자본시장 레버리지플라이 휠 효과: 자사 주식을 시장 가치보다

프리미엄을 받고 발행ATM 프로그램 등하여 조달한 자금으로 더 많은 이더리움을 매수하는 과정을 통해 '주당 이더리움 보유량'을 지속적으로 늘려 주주가치를 높이는 소위 '플라이 휠'구조를 만듭니다.

BMNR 투자의 주의점

이더리움 가격에 따라 주가가 극도로 민감하게 반응하므로 큰 변동성을 견딜 수 있는 담대함이 필요합니다. 또한 더 많은 이더리움을 매수하기 위해 신주를 지속적으로 발행하므로 주식 수가 늘어나는 희석 효과주식 가치 하락가 발생할 수 있습니다. 아울러 가상자산을 대량 보유한 기업에 대한 회계 처리 방식이나 규제 변화에 영향을 받는 리스크도 존재합니다.

결국 이는 보이는 것과 보이지 않는 것의 싸움이며, 은과 금이 토큰화되어 블록체인 위에서 함께 경쟁한다면 승자는 명확하다고 봅니다. 그러한 관점에서 저는 은 투자를 더 선호합니다.

4-3

은 투자를 더욱 부추기는 알트코인의 구조적 한계

리플: 보이지 않는 금융의 혈관을 교체하다

리플랩스는 2012년 6월, 현재 리플 체제의 근간이 되는 XRP 레저를 처음 공개하며 출발했습니다. 이때 XRP는 채굴 과정 없이 1,000억 개가 일괄 발행되었습니다. 같은 해 9월, 이 기술을 상용화하기 위해 '오픈코인OpenCoin'이라는 회사가 설립되었고, 이후 리플랩스로 이름을 바꾸며 본격적인 기업형 블록체인 프로젝트로 자리 잡았습니다.

리플은 처음부터 개인 간 결제P2P를 지향한 비트코인과 달리, 은행 간 송금과 환전이라는 명확한 목적을 갖고 설계되었습니다. 현재 전 세계 금융기관들이 사용하는 스위프트SWIFT 시스템은 여전히 수일의 처리 시간과 높은 수수료라는 한계를 안고 있습니다. 리플은 이 문제를 단 몇 초 만에, 거의 제로에 가까운 비용으로 해결하는 것을 목표로 삼았습니다.

이러한 설계는 우연이 아니었습니다. 리플은 비트코인의 한계를 누구보다 잘 알던 전문가들의 협업으로 탄생했습니다.

세계 최초의 비트코인 거래소 '마운트곡스'를 만든 제드 맥케일럽이 핵심 아이디어를 제공했고, 리플의 합의 알고리즘을 설계한 암호학자 데이비드 슈워츠현 CTO가 기술적 토대를 구축했습니다. 여기에 초기 아키텍트인 아서 브리토가 참여했고, 오픈코인 설립 단계부터 합류한 크리스 라슨이 리플을 하나의 글로벌 금융 인프라 기업으로 성장시키는 역할을 맡았습니다.

결국 리플은 탈중앙화 이념의 실험장이기보다, 현실 금융을 빠르고 효율적으로 바꾸기 위한 실용적 블록체인으로 태어난 프로젝트라 할 수 있습니다.

금융 인프라형 네트워크

리플의 출발점은 2004년 라이언 푸거가 만든 '리플페이 RipplePay'라는 신용 네트워크로, 이는 중앙은행 없는 국제 송금

시스템을 구상한 초기 실험이었습니다. 이후 제드 맥케일럽 등이 이 아이디어에 분산 원장 기술을 결합하면서 현재의 가상자산 리플XRP이 탄생했습니다.

이러한 목적은 리플의 기술 구조에도 그대로 반영되었습니다. 리플은 모든 참여 노드◆가 경쟁적으로 합의하는 일반적인 블록체인 방식과 달리, 선별된 검증인들이 거래를 확인하는 리플 프로토콜 합의 알고리즘RPCA을 사용합니다. 이 덕분에 막대한 에너지를 소모하는 채굴 과정이 필요 없으며, 거래 확정 속도는 기존 국제 송금망은 물론 대부분의 블록체인보다 훨씬 빠릅니다. 즉, 리플은 탈중앙화의 극대화보다는 속도와 효율을 선택한 금융 인프라형 네트워크라고 할 수 있습니다.

규제의 문턱을 넘은 리플

리플은 여타 가상화폐와 달리 기업 주도로 운영되는 프로젝트입니다. 리플랩스라는 명확한 주체가 전 세계 중앙은행과 대형 금융기관을 상대로 직접 파트너십을 구축하며, '은행 간 빠른 송금과 환전'이라는 실용성을 현실에서 입증해 왔습니다. 이

◆ Node: 블록체인은 중앙관리자(은행 등)가 없기 때문에 네트워크에 참여하는 수많은 컴퓨터들이 서로 데이터를 주고받으며 생태계를 유지합니다. 이때 각각의 참여 주체자를 노드라고 합니다. 노드의 종류로는 풀 노드(Full Node), 라이트 노드(Light Node), 채굴 노드(Mining Node), 마스터 노드(Master Node)가 있습니다.

러한 위치는 리플을 단순한 투기성 자산이 아니라, 제도권 금융과 가장 가까운 가상자산 중 하나로 만들었습니다.

리플의 가장 큰 전환점은 미국 증권거래위원회SEC와의 장기 소송이었습니다. 2023년 7월, 법원은 '일반 투자자가 거래소에서 XRP를 매수·매도하는 행위는 증권법 위반이 아니다'라고 판단하며 중요한 선을 그었습니다. 다만 리플사가 기관 투자자에게 직접 판매한 물량에 대해서는 미등록 증권 판매로 보아 1억 2,500만 달러의 벌금을 부과했습니다. 2025년 이후 가상자산에 비교적 우호적인 정부 기조가 형성되면서, 이 소송은 시장이 감당 가능한 수준에서 사실상 정리 국면에 접어들고 있습니다.

현재 리플XRP의 가격은 약 1.9달러 선입니다. 자본에 여유가 있고, 약 2,000달러 수준의 손실을 감내할 수 있는 투자자라면 1,000개 내외를 보유해 보는 전략도 하나의 선택지가 될 수 있습니다. 다만 이는 어디까지나 리플이 가진 제도권 적합성과 규제 리스크 감소를 전제로 한 판단일 뿐, 알트코인 특유의 변동성까지 사라진 것은 아닙니다. 비트코인조차 신중하게 접근해야 한다고 보는 제 입장에서는 여전히 조심스러운 영역임은 분명합니다.

솔라나: 속도로 한계를 밀어붙이다

솔라나SOL는 이른바 '이더리움 킬러'로 불리는 프로젝트 가운데서도, 가장 극단적으로 속도를 추구한 블록체인입니다. 이들의 문제의식은 단순합니다. "탈중앙화된 네트워크도 중앙화 서버만큼 빠를 수 없는가?" 솔라나는 이 질문에 정면으로 도전하며, 성능을 최우선 가치로 내세운 설계를 선택했습니다.

시간을 압축한 합의 방식, 역사 증명

솔라나를 특별하게 만드는 핵심 기술은 역사 증명Proof of History, PoH입니다. 이는 블록체인상의 모든 사건에 암호학적 '시간의 순서'를 미리 부여하는 방식으로, 노드들이 서로 시간을 맞추느라 낭비하던 과정을 제거합니다. 그 결과 솔라나는 초당 수만 건TPS에 달하는 처리 속도를 구현했으며, 이는 전통적인 고속 거래소나 결제 시스템에 필적하는 수준입니다.

속도를 위해 구조를 단순화한 이 선택은, 솔라나가 다른 블록체인과 가장 크게 갈리는 지점이기도 합니다.

폭발적인 사용자 경험과 남겨진 과제

현재 솔라나는 밈코인, NFT, 디파이가 가장 활발하게 움직이는 생태계 중 하나로 자리 잡았습니다. 빠른 처리 속도와 극히 낮은 수수료는 사용자 경험 측면에서 압도적인 장점으로 작용하며, 강력한 커뮤니티와 유동성을 만들어 냈습니다.

다만 그 대가도 분명합니다. 과거 여러 차례의 네트워크 중단 사례가 보여주듯, 속도를 우선한 설계는 안정성과 탈중앙화 측면에서 반복적인 시험대에 오르고 있습니다.

솔라나는 여전히 "얼마나 빠를 수 있는가"를 증명하는 블록체인이자, 동시에 "속도의 한계가 어디까지 허용되는가"를 시험받는 프로젝트입니다.

카르다노: 속도를 버리고 신뢰를 택한 설계

에이다ADA는 카르다노Cardano라는 블록체인 운영체제 위에서 사용되는 디지털 자산입니다. 카르다노는 빠른 확장보다 구조적 완결성과 검증된 안정성을 우선한 프로젝트로, 일부러 느린 길을 선택한 드문 사례입니다. 비유하자면 카르다노는 카지

노의 화려한 게임이 아니라 카지노장 자체를 설계하는 건축물에 가깝고, 에이다는 그 안에서 사용되는 교환 수단이라 할 수 있습니다.

과학적 검증을 통과한 합의 구조

카르다노의 합의 알고리즘인 우로보로스는 수학적으로 보안성이 증명된 최초의 지분 증명PoS◆방식입니다.

비트코인의 작업 증명PoW이 막대한 전력을 소모하며 연산 경쟁을 벌이는 구조라면, 지분 증명은 보유 지분에 따라 검증 권한과 보상을 배분하는 방식으로 훨씬 효율적이고 지속 가능합니다.

카르다노의 핵심 철학은 단순합니다. "천천히 가더라도, 처음부터 끝까지 증명된 방식으로 간다." 그 결과 개발 속도는 느리지만, 지금까지 대형 보안 사고가 거의 없는 가장 안정적인 네트워크 중 하나로 평가받고 있습니다.

◆ Proof of Stake: 기존 비트코인이 사용하는 PoW(Proof of Work: 작업 증명) 방식이 엄청난 전력을 소모하며 복잡한 연산을 풀어야 했던 것과 달리, PoS는 이름 그대로 '얼마나 많은 지분을 가지고 있는가'에 따라 블록을 생성하고 보상을 받을 권리를 결정합니다.

투기를 넘어선, 제도와 사회를 향한 실험

카르다노는 단기 가격 상승보다는 현실 세계에 적용 가능한 블록체인을 목표로 삼았습니다. 대표적으로 아프리카 국가들을 중심으로 디지털 신분증 구축, 공공 행정 시스템 적용 등 실제 사회 인프라에 블록체인을 접목하려는 시도를 이어가고 있습니다.

또한 매우 정교한 거버넌스 모델을 갖추고 있어, 장기적으로는 토큰 보유자가 직접 네트워크의 방향을 결정하는 가장 성숙한 탈중앙화 시스템을 구현하는 것을 목표로 합니다.

은은 어떻게 실물 자산이 될 것인가

블랙록의 CEO 래리 핑크는 "우리는 모든 자산이 토큰화되는 시작점에 서 있습니다"라고 강조하며 현재의 변화를 진단했습니다. 그는 지금의 토큰화 기술을 1996년 초기 인터넷 시대의 아마존에 비유했습니다. 당시 아마존이 작은 온라인 서점으로 시작해 거대한 유통 제국이 되었듯이, 현재는 비트코인 등으로 미미하게 시작하지만 결국 전 세계의 모든 자산이 이 시스템 위에서 움직이게 될 것이라는 전망입니다.

RWA, 금융의 작동 방식을 근본적으로 바꾸다

자산이 토큰화되어야 하는 이유는 명확합니다. 블록체인 위로 자산을 옮기는 순간, 금융은 더 빠르고, 더 싸고, 더 투명해집니다. 주식이나 채권 거래는 실시간 정산이 가능해지고, 중개 단계가 줄어들어 거래 비용은 획기적으로 낮아집니다. 수천억 원에 달하는 빌딩이나 예술품조차 토큰 단위로 쪼개져, 이제는 일반 투자자도 소액으로 참여할 수 있는 '투자의 민주화'가 현실이 됩니다. 모든 소유권과 거래 기록이 블록체인에 영구히 남는다는 점에서 투명성과 보안성 역시 기존 금융을 압도합니다.

이 변화의 최전선에 선 곳이 바로 세계 최대 자산운용사 블랙록입니다. 블랙록은 비트코인과 이더리움 ETF를 통해 디지털 자산을 제도권 금융 안으로 끌어들였고, 한 발 더 나아가 BUIDLBlackRock USD Institutional Digital Liquidity Fund이라는 토큰화된 국채 펀드를 직접 출시했습니다. 이는 자산 토큰화가 더 이상 실험이 아니라, 실제 금융 상품으로 작동할 수 있음을 증명한 사건이었습니다.

실물 자산의 디지털 신분증, RWA

RWARead World Asset는 부동산, 금, 은, 국채처럼 현실 세계에 실물로 존재하는 자산을 블록체인 위에 올려 디지털 토큰 형태로 표현하는 금융 구조를 의미합니다. 자산을 아주 작은 단위로 쪼개 거래할 수 있어 소액 투자자의 접근성이 크게 높아지고, 365일 24시간 실시간 정산과 결제가 가능해집니다. 한마디로 RWA는 실물 자산에 블록체인이라는 '디지털 신분증'을 부여하는 과정이라 할 수 있습니다.

BUIDL: 토큰화가 '상품'이 되는 순간

BUIDL은 RWA 기술의 정수라 할 수 있습니다. 미국 국채, 현금, 환매조건부채권RP을 담보로 발행되며, 토큰 1개는 항상 1달러의 가치를 유지하도록 설계되었습니다. 투자자는 이 토큰을 보유하는 것만으로도 블랙록이 국채를 운용해 얻은 수익을 매달 이자 형태의 추가 토큰으로 지급받습니다. 주말 거래가 불가능하고 정산에 며칠이 걸리던 기존 국채 투자와 달리, 토큰화된 국채는 365일 24시간 실시간 거래와 결제가 가능합니다.

최근 블랙록은 BUIDL의 멀티체인 확장을 통해 이더리움뿐 아니라 솔라나, 앱토스, 아비트럼, 아발란체, 옵티미즘, 폴리곤 등 총 7개의 주요 블록체인으로 생태계를 넓혔습니다. 이는 특정 네트워크에 종속되지 않고, 다양한 디파이 서비스와 직접 연결하기 위한 전략입니다. 이제 투자자들은 솔라나 기반 서비스에서도 블랙록의 국채 펀드에 투자하거나, 이를 담보로 활용할 수 있게 되었습니다.

이 변화가 가져온 가장 큰 혁신은 자본 효율성입니다. 세계 최대 거래소 바이낸스는 BUIDL 토큰을 기관 투자자용 거래 담보물로 인정했습니다. 과거에는 거래를 위해 수익 없는 달러 현금을 묶어두어야 했다면, 이제는 이자가 발생하는 국채 토큰을 담보로 맡긴 채 거래가 가능해졌습니다. 자산을 놀리지 않으면서도 레버리지를 활용할 수 있는 구조가 열린 것입니다.

결국 자산 토큰화란 단순히 기술의 진보가 아니라, 금융 권력이 움직이는 방식 자체의 변화입니다. 국채, 현금, 부동산, 그리고 언젠가는 금과 은까지, 모든 실물 자산이 체인 위에서 경쟁하는 시대가 이미 시작되었습니다.

국채에서 은까지: 토큰이 된 실물 자산의 행진

RWA는 크게 두 가지 방식으로 발전하고 있습니다. 수천억짜리 토큰을 쪼개서 일반인이 소액으로 수익을 나눠 갖는 방식예: 카사, 루센트블록 등과 실제 금괴를 창고에 두고 이를 증명하는 토큰을 발행하여 0.01그램 단위로 24시간 거래하는 PAXG 방식 등입니다. 앞으로는 실제 은괴를 창고에 두고 이를 증명하는 토큰을 발행하여 0.1그램 단위로 24시간 거래하는 PAXS도 곧 활성화될 것으로 예상됩니다.

요약하면 래리 핑크가 말한 '모든 자산의 토큰화'는 BUIDL을 통해 '미국 국채'라는 가장 안전한 자산부터 시작되었습니다. 이제 이 토큰은 단순히 들고 있는 자산을 넘어 전 세계 블록체

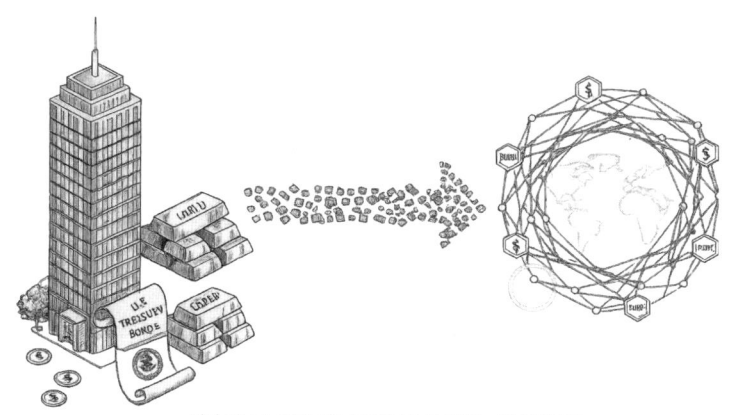

래리 핑크가 예언한 "모든 자산의 토큰화"는 이제 거스를 수 없는 금융의 미래가 되었습니다.

인 네트워크를 돌아다니며 결제, 담보, 투자의 수단으로 쓰이는 '디지털 달러'의 역할을 수행하고 있습니다.

2026 다보스 포럼의 경고: 폭풍의 시대가 온다

다보스 포럼World Economic Forum, WEF은 매년 1월 스위스 다보스에서 열리는 세계 경제인, 정치 지도자, 석학들의 회의로 '세계 경제 올림픽'이라 불릴 만큼 영향력이 큽니다. 이곳에서 논의된 의제들은 실제로 세계 경제 흐름을 예측하는 지표로 작용해 왔으며, 때로는 엘리트 집단이 세계 사건을 조작한다는 음모론까지 나올 정도로 주목받는 자리입니다.

2026년 포럼의 주제는 "대화의 정신A Spirit of Dialogue"이었습니다. 전년도인 2025년의 주제가 "AI 시대를 위한 협업 Collaboration for the Intelligent Age"이었던 것과 비교하면, 이는 매우 의미심장한 변화입니다. 협업 이전에 대화조차 어려워진 세계 정세를 반영한 것입니다. 실제로 탈세계화, 경제 블록화, 그린란드 영유권 분쟁, 미·중 경제 전쟁 등 국가 간 갈등이 격화되면서, "일단 대화라도 하자"는 절박함이 담긴 주제 선정이었습니다.

이번 포럼에는 미국 트럼프 대통령과 캐나다 마크 카니 총리가 참석하여 큰 주목을 받았습니다. 특히 캐나다는 AI와 핵심 광물, 새로운 무역로 구축 등에 1조 달러 규모의 투자를 신속히 추진하겠다는 계획을 발표했습니다. 포럼의 공동 의장으로는 블랙록 CEO 래리 핑크와 스위스 제약회사 로슈 부회장 앙드레 호프만이 선임되어, 금융과 산업 양측의 시각을 대표했습니다.

포럼에서 제시된 2026년 현재 세계가 직면한 가장 심각한 위험 요소는 다음과 같습니다.

1. 지정학적 대립18%
2. 국가 간 무력 충돌14%
3. 극단적 기상 이변8%
4. 사회 양극화7%
5. 허위 정보 확산7%
6. 경기 침체5%

더 주목할 점은 2026년 이후 급증할 것으로 예측된 위험 순위입니다.

1. 지정학적 대립의 급증

2. 경기 침체

3. 인플레이션

4. 자산 거품 붕괴

5. 핵심 인프라 중단

이러한 혼란의 시대는 2026년을 기점으로 최소 2년 이상 지속될 가능성이 높다는 전망이 지배적입니다.『우리의 달러, 당신들의 문제Our Dollar, Your Problem』의 저자이자 하버드대 경제학 교수인 케네스 로고프는 "향후 12~24개월 안에 미국 주식 시장이 큰 폭의 조정을 겪을 수 있다"고 경고했습니다.

세계 최고 지성들이 모여 내놓은 결론은 명확합니다. 폭풍이 오고 있으며, 그 중심에는 지정학적 갈등과 경제 불안정이 자리하고 있다는 것입니다.

은과 토큰_
달러보다 금,
금보다
은이다

토큰화 시대, 은과 금의 재등장

토큰화가 바꾸는 은과 금의 사용 방식

은과 금을 안전한 창고에 보관하고, 그 소유권을 디지털 증서인 토큰으로 변환하여 거래하게 되면 다음과 같은 획기적인 변화가 일어납니다.

• 초소액 투자의 실현: 은 한 돈이나 실버바를 통째로 살 필요 없이 0.001그램 단위로 쪼개어 투자할 수 있습니다. 이를 통해 투자 접근성이 획기적으로 좋아져 시장 참여자가 크게

증가할 것입니다.

- 시공간의 제약 해소: 전통적인 금 거래소나 은행의 영업 시간에 얽매이지 않고, 전 세계 어디서든 연중무휴 24시간 거래가 가능해져 거래량이 폭발적으로 늘어납니다.
- 즉각적인 유동성 확보: 실물을 매도하려면 운송과 감정 등 복잡한 절차가 필요하지만, 토큰은 탈중앙화 거래소DeFi 등에서 클릭 몇 번만으로 즉시 현금화하거나 다른 자산으로 교환할 수 있습니다.
- 보관 및 보안 리스크 감소: 개인이 직접 금고를 구입하거나 분실 및 도난 위험을 걱정할 필요가 없습니다. 전문 수탁 기관Custodian이 안전하게 보관하는 실물 자산을 기반으로 토큰이 발행되기 때문입니다.

은의 가치를 높이는 자산 토큰화의 작동 구조

토큰화는 '실물 확보 → 검증 및 신탁 → 토큰 발행Minting → 거래 및 실물 교환'의 단계를 거칩니다. 보통 블록체인상에서 실물 1그램당 토큰 1개를 발행하는 방식을 사용합니다. 현재 이 구조를 실제로 구현한 대표 사례가 바로 금 토큰입니다.

실제로 작동 중인 금 토큰 사례

프로젝트	발행사	특징
PAXG(Paxos Gold)	Paxos	뉴욕주금융서비스국(NTDFS)의 규제를 받으며 실제 런던 금 보관소의 금괴와 1:1 매치됩니다.
XAUt	Tether	스위스 금고에 보관된 금을 기반으로 하며, 시가 총액이 매우 큽니다.
XAUm	Matrixport	아시아 시장을 중심으로 디파이 생태계에서 활발하게 활용되는 RWA 토큰입니다

다만 디지털 자산인 만큼 다음과 같은 위험 요소도 반드시 검토해야 합니다.

- 발행사의 신용도: 은 자체는 안전하더라도 그 은을 맡겨둔 회사가 파산하거나 부정행위를 저지를 위험이 있습니다.
- 규제 불확실성: 국가마다 토큰을 증권으로 볼지 원자재로 볼지에 대한 법적 기준이 달라, 향후 거래에 제약이 생길 가능성이 있습니다.
- 기술적 오류: 스마트 컨트랙트 해킹이나 블록체인 네트워크 자체의 오류 가능성이 상존합니다.

PART 5 | 은과 토큰_달러보다 금, 금보다 은이다

은 토큰화의 전망: 진짜 돈으로 귀환하다

그동안 은 토큰은 보관 효율성 문제와 시장 수요, 높은 변동성으로 인해 토큰화가 활발히 이루어지지 못했습니다. 하지만 은 가격이 상승하게 되면 이러한 문제들은 자연스럽게 해결될 것이며, 은의 토큰화 또한 제도적으로 안착하게 될 것입니다.

과거 실버 토큰SLVT이 실제 은과 연동된 토큰으로 주목받기도 했으나, 대형 거래소 상장에 실패하며 널리 쓰이지 못했습니다. 키네시스 실버KAG는 키네시스 머니 플랫폼에서 발행하는 은 토큰으로 실제 은괴에 기반한 생태계를 갖추고 있지만, 일반적인 암호화폐 투자자들에게는 접근성이 낮다는 한계가 있습니다. 팍소스Paxos 역시 실버 토큰 출시를 검토했으나, 현재는 규제와 시장성 문제로 인해 금 토큰PAXG에 더 집중하고 있는 실정입니다.

그러나 급증하는 수요에 맞춰 은 가격이 적정 수준으로 상승하고 RWA 시장이 더욱 성숙해지면, 머지않아 팍소스나 테더Tether와 같은 대형 발행사에서 은 토큰을 출시할 가능성이 높습니다.

은과 금의 토큰화가 매우 중요하게 여겨지는 이유는 명확합니다. 비트코인 같은 가상자산은 보이지도 만져지지도 않는 디지털 화폐인 반면, 은과 금 토큰은 블록체인 위에서 움직이는 디지털 자산이면서도 언제든 현물로 교환할 수 있는 실물 자산이기 때문입니다. 이러한 특징은 가상자산 대비 강력한 경쟁 우위를 가집니다. 결국 토큰화된 실물 자산의 보관 창고는 은행 창고로 옮겨질 수밖에 없으며, 은이 중앙은행의 지급준비금 자산이 되는 '진짜 돈으로의 귀환'이 이루어지게 될 것입니다. 이때가 되면 은 가격은 금 가격의 10분의 1 수준까지 상승할 것으로 예상됩니다.

왜 미국이 은을
전략 광물로 지정했을까

은의 급격한 가격 상승은 분명히 어느 지점에서 조정을 받을 수 있습니다. 그렇지만 2025년 11월 18일, 미국이 은을 국가 전략 광물로 선정하면서 상황이 변했습니다. 이제 미국은 거국적으로 은 매집에 총력을 다할 것이며, 중국은 이를 결코 방관하지 않을 것입니다.

2025년, 중국이 은의 주권을 선언한 해

중국은 이미 2025년 1월부터 15년 만에 광산자원법을 재개정하여 은을 포함한 핵심 광물의 국가 통제권을 법적으로 확립했습니다. 또한 2025년 3월 말까지 중국 내 은 정제 기업들의 연간 생산 능력과 과거 3년간의 수출 실적을 전수조사하여, 연 생산량 80톤 이상 등의 허가 기준을 설정하기 위한 기초 자료를 마련했습니다.

이어지는 2025년 4월에는 상무부를 통해 은을 단순한 금속이 아닌 첨단 무기 및 미래 산업AI, 태양광, 전기차, 배터리의 이중 용도Dual-use 물자로 관리하겠다는 방침을 확정했습니다. 이에 따라 주요 정제소와 수출 기업들에게 2026년 1월 1일부터 적용될 새로운 허가 기준을 전달하며 구조 조정을 유도하기도 했습니다. 아울러 2025년 9월에는 전기차와 핵심 배터리 소재인 은 페이스트 등의 수출 허가제를 통합 관리하는 시스템 구축을 발표하며 산업 간의 시너지를 한층 높였습니다.

2025년 10월, 중국 상무부는 2026년 1월 1일부터 은 수출 쿼터제를 폐지하고 허가제로 전환한다는 내용을 공식 발표했습니다. 이에 따라 중국 내에서 은 수출이 가능한 기업은 44곳으로 제한되었으며, 사실상 중국이 은의 가격과 수량, 수출 허가

권을 완전히 장악하게 되었습니다.

중국이 2025년 내내 은 수출 허가제를 치밀하게 준비해 온 이유는 은이 가진 막중한 전략적 가치 때문입니다.

에너지 안보와 태양광 산업 수호

에너지 안보의 핵심인 태양광 패널 제조에 있어 은은 필수적인 재료입니다. 현재 중국은 전 세계 태양광 공급망의 80% 이상을 점유하고 있습니다. 만약 은 공급이 부족해지면 중국의 에너지 안보 사업 자체가 흔들릴 수 있기 때문에 자국 물량을 우선적으로 확보하려는 것입니다.

첨단 기술을 통한 글로벌 공급망 통제

AI 서버용 반도체와 전기차 회로에 들어가는 은 공급을 조절하여 글로벌 공급망의 주도권을 쥐겠다는 전략입니다. 은 공급의 목줄을 죄어 첨단 기술 분야에서 세계적인 영향력을 행사하려는 의도가 담겨 있습니다.

'차이나 프라이스'를 통한 경제적 이익 추구

기존 런던LBMA 현물 시장이나 뉴욕COMEX 선물 시장 중심의 가격 결정권을 상하이 황금거래소SGE 중심의 차이나 프라이스로 가져오려는 것입니다. 이를 통해 은 가격 결정권에서 우위를 점하고 국가적 경제 이익을 극대화하고자 준비해 왔습니다.

결과적으로 이번 자원 전쟁은 중국의 승리로 기울고 있습니다. 허가받지 못한 중소규모 수출업체들이 시장에서 퇴출되면서 국제 은 시장의 공급 부족은 더욱 심화되었고 은 가격은 폭등했습니다. 현재 테슬라를 비롯한 글로벌 제조사들은 대체 공급망을 확보하기 위해 사활을 걸고 있는 긴박한 상황입니다.

차이나 프라이스: 가격이 아니라 권력의 이름

차이나 프라이스란 단순히 중국산 제품이 싸다는 의미를 넘어, 중국이 공급망을 장악한 원자재의 가격을 스스로 정하는 구조를 말합니다. 생산량, 수출 허가, 재고 공개 여부까지 국가가 통제하면서 가격 형성의 기준점을 중국 안으로 끌어들이는 방식입니다. 이 과정에서 기존의 런던LBMA이나 뉴욕COMEX처럼 금융 중심의 가격 체계는 점차 힘을 잃고, 상하이 황금거래소SGE처럼 실물 수급을 반영하는 시장이 기준이 됩니다. 다시 말해 차이나 프라이스는 "싸게 파는 가격"이 아니라, 누가 공급을 쥐고 있느냐에 따라 세계 가격이 결정되는 체제를 뜻합니다. 은처럼 대체가 어려운 전략 자원일수록 이 영향력은 더욱 커질 수밖에 없습니다.

한·미 동맹으로 구축하는 새로운 은 제련 허브

미국은 한국의 은 정련 업체인 고려아연과 손을 잡고 현지에 대규모 제련소를 건설하기로 했습니다. 이를 위해 미국 상무부와 전쟁부옛 국방부는 전략적 파트너십을 맺고 '크루서블'◆이라는 합작 법인을 설립했습니다. 미국 정부가 이 법인의 지분 40%를 보유한 최대 주주로 참여하며, 테네시주 클락스빌의 기존 제련소 부지를 활용해 2026년에 착공할 예정입니다.

2029년 가동될 미국 내 핵심 광물 생산 기지

이 공장은 2029년부터 단계적으로 상업 생산에 돌입하며, 은을 포함해 금, 안티모니, 게르마늄, 갈륨 등 총 13종의 핵심 광물과 반도체용 황산을 생산할 계획입니다. 특히 금과 은을 제외한 11종의 품목은 미국 정부가 지정한 비축 필요 핵심 광물로 분류됩니다.

생산되는 주요 품목과 용도는 다음과 같습니다.

- 아연: 철강 부식 방지용 도금 및 다이캐스팅
- 연납: 납축전지 및 방사선 차폐

◆ Crucible: '금속을 녹이는 도가니'라는 뜻입니다. 한미 양국의 끈끈한 결속을 상징하는 이름입니다.

- 동구리: 전력망 및 전기차 배터리 배선
- 은: 태양광 패널, 반도체 회로, 전기차 핵심 소재
- 금: 정밀 전자 부품 및 자산 가치 보존
- 안티모니·게르마늄·갈륨·인듐: 군사 장비, 반도체, 레이더, 디스플레이 등 첨단 산업 핵심 소재
- 비스무트·텔루륨·카드뮴·팔라듐 등: 특수 산업 및 에너지 소재

순환 경제와 기술 전수의 중심

이번 프로젝트에는 약 74억 달러약 11조 원가 투입되어 미국의 전자 폐기물E-Waste을 재활용하는 친환경 리사이클링 공정이 결합됩니다. 2029년 공장이 완공되기 전까지는 한국 울산의 고려아연 제련소가 전 세계 은 공급망의 안전판 역할을 수행하게 됩니다.

고려아연은 세계 최고 수준인 아연·연·동 통합 공정 기술을 미국에 전수하며, 이 과정에서 부산물로 나오는 은을 생산해 한미 양국의 수요를 책임질 것입니다. 이미 2026년부터 이그니오 등 미국의 전자 폐기물 리사이클링 기업과 연계하여 폐기물에서 은과 구리를 다시 뽑아내는 순환 경제 시스템이 본격적으로 가동되고 있습니다. 이는 1500년대 초 조선의 연은 분리법

기술이 일본에 전해졌던 역사를 넘어, 21세기 한국의 독보적인 제련 기술이 세계 시장에서 다시 한번 빛을 발하는 계기가 될 것입니다

조선의 은 기술이 남긴 교훈, 다시 세계의 중심으로

은을 둘러싼 중국과 미국의 패권 다툼은 오늘 처음 벌어진 일이 아닙니다. 16세기 조선은 세계 최고 수준의 은 제련 기술을 개발하고도 스스로 그 가치를 외면했습니다. 반면 이 기술을 받아들인 일본은 막대한 은으로 군사력을 키웠고, 결국 조선을 침략했습니다. 조선의 혁신 기술 '연은 분리법'의 탄생과 상실, 그리고 500년 만에 다시 찾아온 기회를 들여다봅니다.

조선의 혁신, 연은 분리법의 탄생

1503년연산군 9년, 양인 김감불과 노비 김검동은 왕 앞에서 직접 연은 분리법회취법을 시연해 보였습니다. 당시 김감불은 "납 한 근으로 은 두 돈을 불릴 수 있는데, 납은 우리나라에서 나는 것이니 은을 넉넉히 쓸 수 있게 되었습니다"라고 아뢰었습니다. 이 기술은 납과 은의 녹는점 차이를 이용하는 원리로, 은

과 납이 섞인 합금을 재 위에 올려놓고 고온으로 가열하면 납은 산화되어 재 속으로 스며들거나 공기 중으로 날아가고 순수한 은만 남게 되는 방식입니다. 바위 속 순은을 캐거나 은광석을 통째로 녹여야 했던 과거 방식에 비해 생산량을 획기적으로 높인 단천 연은법의 시작이었습니다.

잃어버린 기회와 통한의 역사

이 기술로 함경도 단천은 조선 최대의 은 생산지가 되었습니다. 하지만 상업에 눈을 뜨지 못한 조선 조정은 "은 생산이 많아지면 명나라의 조공 요구가 심해질 것"을 우려하여 기술 보급을 막고 은광을 폐쇄하는 안타까운 결정을 내렸습니다.

그 사이 이 기술은 종단과 계수라는 조선 기술자들을 통해 일본의 이와미 은광으로 건너갔습니다. 기술을 받아들인 일본은 세계 2위의 은 생산국으로 도약했고, 막강한 경제력을 바탕으로 조총 등 서구의 신무기를 도입하며 군사력을 키웠습니다. 결국 이 힘은 1592년 임진왜란이라는 비극으로 이어졌으며, 전쟁 중 도자기 기술자들까지 일본으로 끌려가 일본 경제의 기틀이 되는 불운한 역사가 반복되었습니다.

500년 만에 다시 찾아온 기회

슬픈 역사를 뒤로하고, 김감불과 김검동이 남긴 이 기술의 뿌리는 500년이 흐른 2026년 오늘날 고려아연이 미국 테네시에 건설하는 세계 최대 규모의 '슈퍼 제련소'로 이어지고 있습니다. 이는 우리가 세계의 부를 다시 한번 주도할 수 있는 천금 같은 기회입니다.

다만 현재 멕시코와 칠레, 페루 등 주요 은 생산국들이 자원 민족주의를 내세우며 공급망을 통제하려는 움직임을 보이고 있습니다. 1970년대 석유 파동처럼, 2026년에는 은 파동으로 인한 '실버 쇼크'가 발생할 가능성이 매우 높은 시점입니다. 우리는 과거의 실수를 되풀이하지 말고, 이 소중한 기술적 유산을 바탕으로 다가올 경제적 격변기에 철저히 대비해야 합니다.

5-3

종이 은의 시대는
왜 끝났을까

종이 은: 은 선물 투자

은 선물silver futures 투자는 미래의 특정 시점에 은을 미리 정해진 가격으로 사거나 팔 것을 약속하는 거래입니다.

특징을 살펴보면, 은 시장은 금 시장보다 규모가 작아 가격 변동성이 큽니다. 그만큼 수익 기회도 많지만 리스크 또한 높습니다. 또한 첨단 산업의 필수 소재이기 때문에 경기 회복기에는 가격이 오르는 경향이 있으며, 증거금보증금만 있으면 실제 가치보다 훨씬 큰 금액을 움직일 수 있습니다. 최근 증거금의 연속적이고 높은 인상률은 은 선물이 극히 위험하며 투자 대상으로 부적격할 수 있음을 보여줍니다.

은 선물 투자 방법은 크게 세 가지입니다.

첫째, 증권사에서 해외선물 계좌를 개설한 뒤 시카고상품거래소 등에 상장된 은 선물 상품을 직접 매매하는 방법입니다.

둘째, 주식 계좌에서 '은 선물' 지수를 추종하는 상품, 즉 은 선물 ETF·ETN을 매수하는 방법입니다.

셋째, 마이크로 은 선물로 계약 규모를 1/5 혹은 1/10 수준으로 줄여 소액 투자도 가능한 마이크로 상품을 매수하는 방법입니다.

은 선물 투자를 할 때는 금은비를 확인해 금 가격 대비 은 가격이 낮을 때 매수하는 전략을 고려할 수 있습니다. 또한 달러 가치가 하락할 때 은 가격이 상승하는 경향도 참고할 수 있습니다. 그러나 무엇보다 중요한 것은 레버리지를 전부 사용하지 않고, 여유 자금을 충분히 확보해 마진콜에 대비하는 것입니다.

저는 레버리지를 선호하지 않습니다. 은 가격의 상승을 확신하더라도, 언제 상승할지는 인간의 영역이 아닙니다. 투자는 서두르지 않고 길게 보며 멀리 걸어가는 여정입니다. 남과 비교하면 마음이 조급해집니다. 비교는 불행의 어머니입니다. 천천히, 나만의 속도로, 그러나 꾸준히 무소의 뿔처럼 나아가는 것이 승리 투자의 시작이자 끝입니다.

이러한 이유로 은 선물 시장은 단순한 가격 상승 기대만으로 접근하기에는 구조적으로 매우 복잡한 시장입니다. 특히 선물 시장에서는 개인 투자자의 의지와 무관하게 거래소의 규정 변화가 가격과 수익 구조에 직접적인 영향을 미칠 수 있습니다. 그 대표적인 사례가 2020년에 있었던 첫 번째 은 숏 스퀴즈입니다.

실패로 끝난 첫 번째 은 숏 스퀴즈

2020년 게임스탑 사태 당시 승리를 거두었던 개인 투자자 세력들은 다음 목표로 실버를 낙점하고 숏 스퀴즈 운동을 펼쳤습니다. 하지만 이들의 도전은 거대 금융 자본의 반격과 시카고 상품거래소CME의 다섯 차례에 걸친 선물 증거금 인상 조치로 인해 결국 좌절되고 말았습니다.

당시 CME는 은의 유지 증거금을 10~15% 이상 대폭 인상했습니다. 하지만 이러한 조치는 은값 하락에 배팅한 숏 포지션의 금융 세력보다는, 은값 상승을 기대하며 롱 포지션에 배팅했던 월스트리트베츠 회원들에게 절대적으로 불리한 '기울어진 운동장'과 같았습니다.

유지 증거금 인상이 가져온 구체적인 영향은 다음과 같습니다.

- 기존 포지션을 계속 유지하기 위해서는 추가 증거금을 반드시 납입해야만 했습니다.
- 만약 자금을 더 투입하지 못하는 투자자가 발생할 경우, 보유 중이던 은 선물을 강제로 매도해야 했습니다. 이 과정에서 시장에 매물이 쏟아지며 은 가격이 일시적으로 급락하는 현상이 나타났습니다.
- 결과적으로 신규 투자자들의 진입 장벽이 높아졌고, 시장의 거래량이 줄어들며 레버리지가 축소되는 현상이 벌어졌습니다.
- 결국 개인 투자자들은 게임스탑에서는 공매도 세력을 상대로 승리했으나, 은 선물 시장의 강력한 금융 세력숏 세력을 상대로는 패배를 기록하게 되었습니다.

2020년 게임스탑 사태와 숏 스퀴즈

2020년 말에서 2021년 초, 개인 투자자들이 온라인 커뮤니티 레딧을 중심으로 공매도 비중이 과도하게 높았던 게임스탑 주식을 집중 매수하며 역사적인 시장 사건이 벌어졌습니다.

이 과정에서 숏 스퀴즈Short Squeeze가 발생했는데, 이는 주가 하락에 베팅했던 공매도 세력숏 포지션이 손실을 막기 위해 주식을 되사면서 가격이 폭등하는 현상을 말합니다.

게임스탑의 주가는 공매도 세력의 강제 매수로 인해 단기간에 수십 배 급등했고, 일부 헤지펀드는 막대한 손실을 입었습니다.

이 사건은 개인 투자자들이 집단 행동을 통해 거대 금융 자본에 맞서 승리한 상징적 사례로 기록되었으며, 이후 은과 같은 원자재 시장으로 숏 스퀴즈 시도가 확산되는 계기가 되었습니다.

2025년 CME 전산 마비의 '의심스러운 타이밍'

2025년 11월 27일 밤 9시 38분부터 이튿날 오전 8시 44분까지, 세계 최대 선물 거래소인 시카고 상품거래소CME에서 전례 없는 전산 마비 사태가 발생했습니다. CME는 데이터 센터의 냉각 시스템 고장이 원인이라고 공식 발표하며 11시간 이상 은 선물 거래 시스템을 강제로 중단시켰습니다.

하지만 투자자들 사이에서는 이를 단순한 사고로 보지 않는 시각이 지배적이었습니다. 장애 발생 직전 은 선물 가격이 역대 최고치를 경신하던 민감한 시점이었기에, 가격 상승세를 억누르기 위해 의도적으로 시스템을 셧다운했다는 음모론이 제기된 것입니다.

이러한 의혹은 전산 복구 이후 CME가 보여준 행보로 인해 더욱 짙어졌습니다. 11월 28일 서비스가 재개되자마자 억눌렸던 매수세가 폭발하며 은 가격이 치솟기 시작했는데, CME는 이에 기다렸다는 듯 12월 초부터 즉각적인 증거금 인상에 나섰습니다. 특히 크리스마스 연휴 직후인 26일과 연말 폐장 직전인 30일에 연달아 증거금을 올리는 이례적인 조치를 단행했습니다.

이 과정에서 은 선물SI의 초기 증거금은 2만 7,500달러에서 3만 5,750달러로 무려 30%나 폭등했습니다. 결국 연말 휴가를 즐기던 트레이더들은 갑작스러운 추가 증거금 납입 요구마진콜◆에 대응하지 못했고, 보유 물량이 강제로 청산당하는 사례가 속출하며 은 가격은 인위적인 하락 압력을 받게 되었습니다.

◆ Margin Call: 담보가 부족하니 보증금을 더 입금하라는 경고 전화나 문자

종이 은 시스템의 균열: 실물 부족이 드러나다

2026년 1월 7일, 은 가격이 온스당 90~95달러라는 역사적 고점에 도달하자 CME는 기존의 '고정금액' 증거금 제도를 폐지하고, 계약 가치의 일정 비율약 9%을 담보로 요구하는 '비례 증거금제'를 도입했습니다.

이 제도는 은 가격이 오를수록 필요한 증거금도 자동으로 증가하는 구조로, 레버리지를 활용하던 투자자들은 2020년보다 훨씬 더 잦고 강한 마진콜 압박에 직면하게 되었습니다.

이러한 제도 변경과, 그에 앞서 2025년 말 발생한 CME 전산 마비 사태, 그리고 연속적인 증거금 인상 조치들은 단순한 시장 관리 차원을 넘어 '은 실물 부족'이 본격적으로 드러난 결과라는 분석으로 이어집니다.

실제로 은 시장은 2021년부터 2025년까지 5년 연속으로 연평균 1억 온스 이상 공급 부족을 기록했습니다. 특히 2025년 한 해에만 약 2억 온스약 6,220톤에 달하는 부족분이 발생한 것으로 추정됩니다. 이는 통계로 보아도 명백한 구조적 공급 붕괴였습니다.

문제는 이 와중에 런던LBMA 현물 은 시장과 뉴욕COMEX 선물 시장의 창고 재고가 2025년 말 기준 역대 최저 수준으로 떨어졌다는 점입니다. 그 배경에는 은 선물 시장에서 관행적으로 실물 은 보유량의 100~300배에 달하는 '종이 은'이 발행되어 왔다는 구조적 문제가 자리하고 있습니다.

실물 은이 부족하다는 사실을 인지한 투자자들이 선물 만기 시 달러 결제가 아닌 실물 인도를 요구하기 시작하면서, 거래소 창고는 빠르게 비어가기 시작했습니다.

여기에 더해, 중국 상하이 황금거래소SGE의 은 재고 역시 10년 만에 최저치를 기록하며 아시아발 실물 수요가 가격 상승을 강하게 견인했습니다.

종이로는 충분해 보였던 시장이, 실물 앞에서 균열을 드러내기 시작한 순간이었습니다.

백워데이션과 은 시장의 '되돌릴 수 없는 변화'

CME의 증거금 인상은 종이로 거래되는 선물과 실물 은 사이의 가격 차이를 강제로 좁히려는 시도로 해석됩니다. 이를 긍정적으로 보는 시각은 소수이며, 오히려 공정해야 할 기관이 대형은행Bullion Banks 같은 공매도 세력의 파산을 막아주기 위해 '시간 벌기'를 해준 것이라는 비판이 지배적입니다.

온라인 커뮤니티레딧 등에서는 은 가격이 급등할 경우 은을 빌려 판 대형 은행들이 막대한 손실을 입게 되므로, 연준이 뱅크 오브아메리카BoA 등에 이미 무담보 대출을 지원하며 파산을 막고 있다는 음모론적 시나리오까지 돌고 있습니다. 반면 연준의 공식 보고서는 BoA를 비롯한 대형 은행들이 스트레스 테스트를 안정적으로 통과하며 재무 건전성을 입증했다고 밝히고 있어, 시장의 의구심과는 상반된 모습을 보입니다.

분명한 사실은 거래소의 증거금 인상이 개인 투자자들의 매수 포지션롱 포지션을 강제로 털어내 가격 상승 압력을 인위적으로 억제했다는 점입니다. 하지만 현실에서는 실물 은이 매우 부족한 상황이라, 계속해서 치솟는 은 가격 앞에서 CME 역시 속수무책인 것이 현재의 실정입니다.

이러한 실물 부족은 결국 '백워데이션Backwardation' 현상을 불러왔습니다. 보통은 보관비나 이자 비용 때문에 선물 가격이 현물보다 높은 것이 정상이지만, 백워데이션은 현물이 너무 급하게 필요한 나머지 미래의 선물보다 현재의 현물을 더 비싸게 사는 기현상을 뜻합니다.

마치 과거 보릿고개 시절, 당장의 배고픔을 해결하기 위해 수확기 이후보다 지금 훨씬 비싼 값을 주고 쌀과 양식을 구하는 것과 같은 이치입니다.

실물 은이 부족해지면 시장은 미래의 약속보다 지금 당장 인도 가능한
은에 프리미엄을 붙입니다.

이미 시장에서 실물 은이 자취를 감춘 지 오래되었음에도, 은
값 하락숏 포지션에 투자한 금융 세력들은 여전히 포지션을 청산
하지 못했다는 것이 숏 스퀴즈 주도 세력들의 주장입니다. 명확
한 증거가 부족할지라도 이들의 논리는 충분히 타당성이 있으
며, 실물 은의 극심한 부족 현상을 고려할 때 앞으로도 은값은
상승 곡선을 그릴 것으로 보입니다.

은의 미래_ 금과는 달라야 한다, 은 투자 전략

6-1

은 투자가 대체할
비트코인 이후의 세계

경제학 원론은 보통 미시경제학의 수요-공급 법칙을 먼저 배운 뒤 거시경제학으로 넘어갑니다. 하지만 나무만 보고 숲을 놓치지 않으려면, 때로는 세상이 돌아가는 큰 흐름을 먼저 파악하는 것이 도움이 됩니다. 마찬가지로 우리도 시대의 흐름, 즉 새롭게 등장한 디지털 화폐를 먼저 이해할 필요가 있습니다.

비트코인이라는 실험

2009년 비트코인의 등장은 단순한 기술 혁신이 아니었습니다. 2008년 미국발 금융위기 이후, 시장보다 먼저 붕괴된 것은 금융 시스템에 대한 신뢰였습니다. 위기를 초래한 금융기관들이 국민의 세금으로 구제되는 과정은, 기존 금융 질서가 얼마나 선택적으로 작동하는지를 분명히 보여주었습니다.

이 장면을 목격한 사토시 나카모토는 하나의 질문을 던졌습니다. 정부나 중앙은행의 판단이 아니라, 누구도 자의적으로 개입할 수 없는 규칙 위에서 작동하는 돈은 가능하지 않은가라는 질문이었습니다. 그가 제시한 해답이 비트코인이었습니다.

비트코인은 국가의 신용이나 정책 판단이 아닌, 수학과 암호학의 규칙에 따라 발행량이 제한되고 거래가 기록되는 시스템입니다. 누구도 임의로 화폐를 발행할 수 없고, 거래 내역은 공개적으로 검증됩니다. 비트코인은 기존 화폐 체계에 대한 도전이자, 중앙 권력으로부터 분리된 새로운 금융 질서에 대한 실험이었습니다.

이 실험은 빠르게 확산되었습니다. 비트코인을 시작으로 수많은 암호화폐가 등장했고, 각국 정부 역시 대응에 나섰습니다. 중앙은행 디지털 화폐CBDC가 추진되었고, 디지털 화폐는 더 이상 가상의 논의가 아닌 현실의 문제로 떠올랐습니다. 그러나 시장에서 먼저 자리를 잡은 것은 국가가 설계한 디지털 화폐가 아니라, 민간이 발행한 스테이블 코인◆이었습니다. 디지털 화폐의 주도권은 이미 중앙은행의 통제 범위를 벗어나기 시작했습니다.

디지털 화폐의 한계

그러나 비트코인이 제시한 해답은 완전하지 않았습니다. 물리적 실체 없이 네트워크 위에 존재하는 화폐 시스템은 각국의 법과 제도, 그리고 국가 권력과 지속적으로 충돌할 수밖에 없었습니다. 탈중앙화와 익명성은 자유를 보장하는 동시에, 기존 질서가 통제해 온 영역을 무력화시키는 성격을 지니고 있었습니다. 실물 경제와의 연결 고리가 약하다는 점 역시 위기 국면에서 한계로 드러나기 시작했습니다.

결국 비트코인은 기존 금융 시스템을 대체하지도, 완전히 붕괴시키지도 못했습니다. 다만 분명한 사실은 하나입니다. 기존

◆ Stablecoin: 달러 등 법정화폐나 국채, 예금 등 실물 자산에 가치를 연동해 가격 변동성을 최소화하도록 설계된 암호화폐입니다. 주로 '1코인=1달러'처럼 고정 가치를 유지하도록 운용되며, 디지털 자산 시장에서 결제·송금·거래 중간 매개 수단으로 활용됩니다.

시스템에 대한 불신이 커질수록, 사람들은 새로운 형태의 '돈'을 끊임없이 실험해 왔다는 점입니다. 그리고 그 실험은 언제나 예상하지 못한 방향으로 확장되었습니다.

이제 문제는 기술 그 자체가 아닙니다. 통제되지 않은 디지털 화폐가 현실 세계와 결합할 때, 그것이 어떤 그림자를 만들어 내는가 하는 문제입니다.

암호화폐의 어두운 그림자: 범죄의 온상

디지털 세계는 이미 우리 앞에 성큼 다가와 현실 세계 깊숙이 파고들었습니다. 그와 함께 디지털 세계에서 사용될 디지털 화폐 역시 언젠가는 반드시 마주하게 될 문제였습니다. 그러나 불행히도 사회는 이에 대한 준비가 충분하지 않았습니다. 그 틈을 먼저 파고든 것은 범죄 집단이었습니다. 암호화폐는 가장 먼저 검은돈의 은닉처이자 돈 세탁의 도구로 활용되기 시작했습니다.

독재자의 비자금

북한의 독재자 김정은은 해커 조직을 양성해 이른바 '인터넷

해적'을 만들어 왔습니다. 이들은 전 세계를 대상으로 암호화폐를 탈취하고 있습니다. 루나 사태를 일으킨 권도형 역시 도피 자금으로 비트코인을 사용했습니다. 캄보디아의 스캠 조직인 프린스 홀딩 그룹의 회장 천즈가 보유했던 비트코인만 해도 12만 7,271개에 달했습니다. 비트코인 하나하나에는 피해자들의 비극과 눈물이 담겨 있습니다.

2026년 1월 초, 미국 군인에 의해 전격 체포되어 미국으로 압송된 베네수엘라 대통령과 그 정권이 보유한 암호화폐 역시 충격적입니다. 추정 보유량은 약 60만 개에서 66만 개에 이릅니다. 베네수엘라 정권은 미국의 경제 제재를 피하기 위해 금과 석유, 마약을 판매한 대금을 비트코인과 테더USDT 등 암호화폐로 바꾸어 은닉해 온 것으로 알려졌습니다. 정확한 실상은 뉴욕 연방법원에서 마약 테러 및 밀매 혐의로 진행 중인 재판 과정에서 밝혀질 것입니다.

북한은 라자루스 등 해커 부대를 조직해 전 세계를 상대로 비트코인과 이더리움 등을 약탈해 왔습니다. 이렇게 모은 비트코인은 약 1만 3,562개로 추정됩니다. 미국 FBI와 UN 등 국제기구는 이 자금이 핵무기와 탄도 미사일의 유지 및 개발 비용으로 전용되는 것으로 파악하고 있습니다.

이처럼 암호화폐는 전 세계의 독재자와 범죄자들이 먼저 활용하며 확산되었습니다. 그 결과, 한국 사회에도 독버섯처럼 깊숙이 파고들어 사회 질서를 흔들고 있습니다. 캄보디아 스캠과 유사한 보이스피싱 범죄는 이미 전 사회에 만연해 있습니다. 주변에서 친구나 친척이 피해를 입었다는 이야기를 어렵지 않게 듣게 됩니다.

성매매·도박·마약의 거래 수단

성매매특별법이 시행된 지 21년이 넘었지만, 오프라인에서의 강력한 단속을 피해 사이버 공간이 새로운 형태의 성매매 통로로 악용되고 있습니다. 현재 수백만 명이 온라인 성매매 커뮤니티나 업소에 가입해 활동하고 있는 것으로 추정되나, 수사기관의 접근은 갈수록 어려워지는 실정입니다.

성매매 서버를 국외에 두어 추적을 피하거나, 최첨단 보안 기술로 무장하여 단속망을 교묘히 빠져나가기 때문입니다. 특히 대화 내용이 암호화된 플랫폼은 데이터 복원조차 불가능한 경우가 많아, 사이버 공간이 사실상 법망을 피한 변칙적 성매매의 해방구가 되어버렸다는 비판이 나옵니다.

암호화폐는 도박 산업에도 심각한 악영향을 끼치고 있습니다. 로또, 강원랜드, 경마, 경륜, 스포츠토토, 경정과 같은 공식 도박보다 훨씬 높은 배당률을 내세운 사설 도박장이 성행하

고 있습니다. 이들은 한때 사회적 논란이 되었던 '바다이야기'
와 비교할 수 없을 정도로 더 큰 폐해를 낳고 있지만, 공권력은
속수무책인 상황입니다.

미국의 마약 문제 역시 더 이상 남의 나라 이야기가 아닙
니다. 미국에서는 매년 약 10만 명의 젊은이가 펜타닐 등 마약
으로 목숨을 잃고 있습니다. 한국 역시 10년 전까지만 해도 마
약 청정국이었지만, 이제는 서울의 클럽에서도 어렵지 않게 마
약을 구할 수 있다는 이야기가 들립니다. 펜타닐은 부피가 기존
마약의 수백 분의 일에 불과하지만 효과는 훨씬 강력합니다. 화
학 합성 물질로 만들어져 인체에는 치명적이지만, 범죄 조직에
는 천문학적인 이익을 안겨주는 상품입니다.

이 마약의 주요 원산지는 중국으로 알려져 있습니다. 여행 활
성화를 이유로 중국인 무비자 입국이 시행되는 현실을 바라보
면 우려를 지우기 어렵습니다. 알약 형태로 유통되는 중국산 펜
타닐을 한국 정부가 과연 어떻게 차단할 수 있을까요. 물건만
전달되면 대금은 USDT 등 암호화폐로 정산됩니다. 과거처럼
자금 추적을 통해 마약 범죄를 단속하던 방식은 이미 한계에
다다랐습니다.

그렇다면 암호화폐를 사용하는 주체는 범죄자들뿐일까요.
그렇지 않습니다. 정치자금법을 회피하는 자금, 대북 송금, 사

법 거래, 뇌물 거래 등 세상의 수상한 금전 거래에도 암호화폐
는 빠지지 않고 등장합니다.

미국의 전략적 선택과 은의 미래

암호화폐가 범죄와 검은 자금의 도구로 활용되는 현실을 보
며, 많은 사람들은 미국 정부를 비롯한 각국 정부가 이를 강
력하게 규제하고 엄격히 단속할 것이라 예상했습니다. 그러
나 미국은 전혀 다른 선택을 했습니다. 38조 달러를 넘어선 천
문학적인 국가 부채를 해결하는 데 암호화폐가 도움이 될 수
있다는 판단에 이른 것입니다.

트럼프의 지니어스 법

이러한 발상 아래 탄생한 것이 이른바 '지니어스법'입니다.
공식 명칭은 「미국 스테이블코인을 위한 국가 혁신 지도 및 확
립법」입니다. 이 법은 2025년 6월 17일 상원을 통과했고, 같은
해 7월 17일 하원에서도 통과되었습니다. 그리고 그 다음 날,
트럼프 대통령의 서명으로 최종 공포되었습니다.

트럼프 대통령은 이 법에 '지니어스'라는 이름을 붙인 이유를

분명히 했습니다. 이 법이야말로 미국이 디지털 자산 분야에서 주도권을 되찾아올 천재적인 한 수라는 것이었습니다.

여러 논란과 과정을 거친 끝에 비트코인은 결국 살아남았습니다. 2009년 피자 두 판, 약 7달러에 1만 비트코인을 지불했던 일화는 이제 전설이 되었습니다. 2025년에는 비트코인 한 개의 가격이 12만 달러를 넘어섰고, 2026년 1월 현재에도 9만 5,000달러 선을 오르내리고 있습니다.

실체 있는 가상화폐의 가치

암호화폐가 더 이상 '찻잔 속의 태풍'이 아니라는 사실은 세계 최대 자산운용사 블랙록의 행보에서도 확인할 수 있습니다. 월스트리트의 흐름을 사실상 좌우하는 블랙록의 CEO 래리 핑크는, 머지않은 미래에 세상의 거의 모든 자산이 디지털화, 즉 토큰화되어 블록체인 네트워크 위를 오가게 될 것이라고 밝혔습니다. 이에 따라 블랙록은 전사적으로 토큰 경제를 위한 기간망 구축에 나서고 있습니다.

그렇다면 은과 토큰, 블록체인 기반 암호화폐는 어떤 관계에 있을까요. 지금 인류가 사용하는 신용 화폐, 즉 달러를 비롯한 법정 화폐는 점차 신뢰를 잃고 있습니다. 디지털 시대에 걸맞은 새로운 화폐를 놓고 볼 때, 각국 중앙은행이 발행해 거래를 속

속들이 통제할 수 있는 CBDC보다, 블록체인 위에서 투명성과 보안성이 보장되는 스테이블 코인과 토큰이 더 빠르게 자리 잡을 가능성이 커지고 있습니다.

이 과정에서 중요한 질문이 등장합니다. 디지털 세계에서 무엇이 '가치의 기준'이 될 것인가 하는 문제입니다. 그 해답으로 가장 먼저 떠오르는 것은 금과 은입니다. 금과 은은 오랜 시간 인류가 가치를 평가해 온 자산이며, 디지털 환경에서도 그 가치를 비교적 쉽고 명확하게 산정할 수 있습니다. 이러한 이유로 금과 은을 기반으로 한 토큰은, 실체가 없고 만질 수 없는 순수 암호화폐 토큰보다 더 높은 신뢰와 가치를 부여받을 가능성이 큽니다.

신용 화폐의 붕괴와 실물 자산의 귀환

현재 미국의 중앙은행을 비롯해 전 세계의 중앙은행들은 과연 국민의 신뢰를 받고 있을까요. 2008년 글로벌 금융 위기 이후, 믿을 수 없는 금융 시스템이 반복적으로 드러났고, 각국은 위기 대응이라는 명목 아래 화폐를 적정 수준 이상으로 발행해 왔습니다. 그 결과, 국민들이 피땀 흘려 모은 자산의 실질 가치는 눈에 띄게 하락했습니다.

달러에 대한 불신이 불러온 시장 변화

흔히 인플레이션을 물가 상승으로 설명하지만, 본질은 다릅니다. 인플레이션이란 물가가 오르는 현상이 아니라, 우리가 보유한 화폐의 가치가 떨어지는 과정입니다. 이 사실을 인식하는 사람들이 점점 늘어나고 있습니다.

현재 각국이 발행하는 화폐는 모두 무담보 화폐이며, 오직 국가의 신용에 의해 가치를 유지합니다. 화폐 남발을 먼저 경험한 국가의 국민들일수록 가장 먼저 자국 화폐를 신뢰하지 않게 되었고, 그 대안으로 달러를 선택했습니다. 그러나 달러 역시 무제한 발행되는 신용 화폐라는 사실이 분명해지자, 사람들은 다시 중앙 권력에서 벗어난 탈중앙화 자산으로 눈을 돌리기 시작했습니다.

이 과정에서 비트코인을 비롯한 암호화폐가 수년간 급등했습니다. 그리고 그 다음 단계로, 2025년에는 금과 은이 본격적인 상승 국면에 진입했습니다. 2025년 한 해 동안 금은 약 65% 상승했고, 은은 약 144% 상승했습니다.

투기에서 실물 수요로, 은의 패러다임 전환

은은 시장 규모가 작아 과거부터 금융 세력의 개입이 잦은 자산이었습니다. 1980년대 헌트 형제의 매집 사건이나 2008년, 2011년의 급등락 사례는 투자자들에게 '은은 오를 때 빨리 팔아야 하는 자산'이라는 강한 인식을 남겼습니다. 그래서 지금의 가격을 고점으로 보고 매수를 주저하는 시각도 여전히 존재합니다.

하지만 지금의 시장은 과거의 투기 장세와는 근본적으로 다릅니다. 과거의 상승이 금융적 요인이었다면, 현재는 산업적 수요 폭발과 실물 부족이라는 강력한 실물 경제의 논리가 시장을 이끌고 있습니다.

당초 종이 은선물 시장이 최소 수년은 버텨줄 것으로 예상되었으나, 실제 실물 부족의 파동은 훨씬 빠르게 닥쳐왔습니다. 2025년 1월 24일, 국제 은 가격이 온스당 100달러를 돌파해 103달러를 기록한 것이 그 증거입니다.

단기 급등에 따른 조정 가능성은 늘 열려 있지만, 실물 부족이라는 구조적 결함이 해결되지 않는 한 가격이 온스당 200~300달러를 향해 나아가는 거대한 방향성은 변함이 없어 보입니다.

글로벌 시장의 균열: 차이나 프라이스의 영향

2026년 현재, 뉴욕 선물 시장은 공급 압박으로 흔들리고 있으며 런던 현물 시장 역시 실물 부족을 호소하고 있습니다. 특히 상하이 황금거래소의 은 가격이 서구권보다 높게 형성되면서 전 세계의 은이 중국으로 흡수되는 현상이 두드러집니다. 중국 정부는 이에 발맞춰 은 수출을 쿼터제에서 허가제로 전환하며 은을 전략 자산화했습니다.

전 세계적인 유동성 과잉으로 돈은 넘쳐나지만, 정작 믿고 투자할 자산은 드문 상황입니다. 2026년 다보스 포럼에서 경고한 지정학적 위기, 가짜 뉴스, 사회 양극화는 인플레이션과 불확실성을 더욱 키우고 있습니다. 역사는 혼란의 시기에 언제나 금과 은의 가치가 빛났음을 증명해 왔으며, 지금의 은 시장 역시 그 역사적 재평가의 한복판에 서 있습니다.

은 투자 가이드: 현명한 자산 확보 전략

은 투자는 크게 다섯 가지 방식으로 분류할 수 있습니다. 각 방식의 특징과 장단점을 파악하여 자신에게 맞는 전략을 선택하는 것이 중요합니다.

- 현물 투자: 실물 은실버바, 은화 등을 직접 소유하는 방식입니다.
- ETF국내/해외 투자: 증권 계좌를 통해 은 지수를 추종하는 펀드에 투자합니다.
- 광산주 투자: 은 채굴 및 생산 기업의 주식에 투자합니다.
- 은 통장: 은행을 통해 거래하나, 양도세15.4% 및 금융소득종

합과세 대상이라 선호도가 낮습니다.

- 토큰 투자: 블록체인 기반의 새로운 방식이나, 외국 업체의 경우 공신력 문제로 아직 대중적이지 않습니다.

실전 현물 투자: 싸고 안전하게 사는 법

현물 투자는 금거래소옛날 금은방에 방문해 직접 사거나, 각 거래소에서 제공하는 앱을 이용하는 방법으로 나뉩니다.

위탁 매매와 P2P 거래의 장단점

직접 방문하여 실물 은을 매입할 때는 국가가 정한 부가가치세와 은괴 가공비를 지급해야 합니다. 반면 은을 팔려는 사람이 거래소에 맡겨둔 물건을 사는 '위탁 매매' 방식이 있습니다. 이때는 매도자와 매수자의 흥정으로 가격이 결정되는 P2PPeer-to-Peer 방식이라 부가가치세나 가공비가 포함되지 않습니다. 대신 금거래소에 소정의 중개 수수료주로 매도자 부담 혹은 반반 부담만 지급하면 되므로 훨씬 저렴합니다. 또한 거래소가 품질 보증을 책임져 주어 안전하다는 장점이 있지만, 대부분 현금 거래를 원한다는 특징이 있습니다.

주요 위탁 매매 운영점으로 KPMEX, 골드나라, 아시아 골드 등이 있습니다.

모바일 앱을 활용한 투자

대기업인 한국금거래소에서 운영하는 '금방금방' 앱을 이용하면 휴대폰이나 컴퓨터로 간편하게 매매하고 절차에 따라 실물을 수령할 수 있습니다. 중소기업 세이프스의 '트레이드아크 TradeArk'라는 앱도 있습니다. 이곳은 거래소가 품질만 보증하고 판매자가 직접 가격을 올려두는 시스템입니다. 급전이 필요한 판매자가 시장가보다 저렴하게 내놓는 경우가 자주 생깁니다. 현물을 구입하면 발텍스라는 안심 택배사가 배송을 책임지므로 사고 걱정이 없습니다. '트아마켓'이라는 유가증권 방식 매매는 시중가보다 저렴하지만, 실물을 찾을 때 소정의 수수료가 발생합니다. 먼저 송금해야 한다는 부담이 있을 수 있으나, 저의 100번 넘는 경험상 문제는 한 번도 없었습니다.

현명한 구매를 위한 팁

골드나라, 스태커스, 아시아 골드 등 각 거래소 앱을 방문하면 매일 위탁 매매 물량과 가격이 업데이트됩니다. "물건을 살 때는 세 집을 둘러보라"는 격언처럼, 최소 세 곳 이상의 가격을 비교한 뒤 구입하시길 권합니다. 처음에는 필수적으로 예약을 한 뒤 직접 매장을 방문해 보시고, 믿음이 생긴 이후부터는 송금 후 택배로 받으셔도 됩니다.

반드시 금거래소를 통해야 하는 이유

시중에 가품이 많기 때문입니다. 이웃 나라 중국에서는 진짜와 똑같이 생긴 가짜 은괴와 금괴가 유통되고 있습니다. 중개 수수료를 내더라도 보증서를 주는 거래소를 통해 사야 하는 이유입니다. 또한, 후일 매도 시 세무 문제를 방지하기 위해 거래 계약서도 반드시 챙겨두시기 바랍니다.

예외적인 P2P 거래소

유일하게 금거래소를 통하지 않아도 되는 곳은 네이버 카페 '실버팩토리'입니다. 엄격한 회원제와 심사를 거치며, 가품 판매 시 영구 제명되는 시스템입니다. 언제, 누구에게 무엇을 샀는지 기록에 모두 남기 때문에 속이기가 매우 어렵고, 회원들끼리 보증 없이도 신뢰 속에 교환과 매매가 이루어집니다.

타이밍보다 중요한 원칙

    은 투자 방법으로는 단번에 큰 금액을 투입하기보다, 조금씩 정기적으로 매수하는 방식을 권장합니다. 특히 금과 은에 처음 입문하는 초보자라면, 정보와 경험을 함께 나눌 수 있는 커뮤니티에서 시작하는 것이 도움이 됩니다. 예를 들어 네이버 카페 실버팩토리 같은 공간에서는 은을 모아가는 다양한 방식과 실제 경험을 자연스럽게 접할 수 있습니다.

    중요한 것은 단기간에 큰 수익을 기대하지 않는 태도입니다. 빠른 부를 꿈꾸며 무리한 투자를 시도할수록 실패할 가능성은 높아집니다. 은 투자는 속도가 아니라 시간의 문제입니다. 시간을 두고 천천히, 배우면서 모아가는 과정 자체가 투자입니다.

    은을 하나씩 모으다 보면 어느 순간 작은 보관함이 채워져 있는 자신을 발견하게 됩니다. 이 과정에서 자연스럽게 심미안도 함께 성장합니다. 어느 날은 은화 한 개를 더 사기 위해 불필요한 지출을 줄이게 되고, 소비에 대한 기준 역시 달라집니다.

    이러한 방식으로 5년, 10년의 시간이 지나면, 어느덧 중견 수집가이자 중견 투자자가 된 자신을 마주하게 될 것입니다. 은 투자는 단기적인 가격 변동을 맞히는 게임이 아니라, 시간과 함께 자산을 쌓아가는 과정임을 기억해야 합니다.

실물 은 구매 방법

실물 은을 직접 구매해 보유하는 것은 가장 원천적인 투자 방식입니다. 경제 위기 상황에서 실물 자산을 손에 쥐고 있다는 사실만으로도 심리적인 안정감을 얻을 수 있습니다. 여기에 은의 물성과 아름다움에 익숙해질수록, '진짜 돈'을 저축하고 있다는 인식은 더욱 분명해집니다.

실물 은의 주요 구매처로는 한국조폐공사, 한국금거래소, 골드나라, 아시아골드 등 전문 거래소가 있으며, 일부 시중은행에서도 취급합니다.

실물 은 거래의 장점 중 하나는 매매 차익에 대한 과세가 명확하지 않다는 점입니다. 다만 보유 규모가 커질 경우, 세무서에서 과세 대상으로 판단할 가능성도 존재합니다. 이 부분은 반드시 세무사와 상담을 거쳐 판단하는 것이 바람직합니다.

은괴, 즉 실버바를 구매할 때는 추가 비용을 고려해야 합니다. 부가가치세 10%가 부과되며, 여기에 가공비와 유통 수수료가 약 5~10% 정도 붙습니다. 이 때문에 은 가격이 15~20% 상승하더라도 실제로는 본전 수준에 불과하다는 지적도 적지 않습니다.

다만 위탁 매매 방식을 활용하거나, 트레이드아크와 같은 실물 매매 플랫폼을 이용하면 구매 단가를 상당 부분 낮출 수 있습니다. 구매 방식에 따라 비용 구조가 크게 달라진다는 점은 반드시 숙지해야 합니다.

보관 문제 역시 실물 은 투자에서 자주 언급됩니다. 은은 공기 중에 노출되면 산화되어 변색될 수 있기 때문에 밀폐 보관이 권장됩니다. 다만 이는 기념 은화처럼 외형 가치가 중요한 경우에 해당하는 이야기입니다. 무게 기준으로 보유하는 은괴나 일반 은화는 표면이 검게 변하더라도 본질적인 가치는 변하지 않습니다.

일부 금은방에서는 변색을 이유로 매입가를 낮추려는 경우도 있습니다. 그러나 정상적인 시세를 반영해 거래하는 곳도 많습니다. 여러 곳을 직접 찾아 비교하는, 이른바 '발품'을 판다면 합리적인 가격으로 매도하는 것도 충분히 가능합니다.

실물 종류와 선택 기준: 은괴, 은화, 그래뉼

은은 제련 공정을 거쳐 처음 만들어질 때, 이른바 그래뉼이라 불리는 작은 알갱이 형태로 생산됩니다. 고려아연 같은 제련 공장에서 나오는 은은 콩알만 한 하얀 입자로 만들어지며, 이 상

제가 소장한 1킬로그램 단위의 그래뉼입니다.
부피 조절이 자유로워 소량씩 나누어 거래하거나
공예 재료로 활용하기에 적합합니다.

태가 은의 가장 원초적인 형태입니다.

그래뉼의 크기가 균일하면 순도 99.99%, 흔히 '포나인'이라 부릅니다. 반대로 크기가 고르지 않으면 순도 99.9%, 이른바 '쓰리나인'으로 분류됩니다. 이 그래뉼을 녹이고 성형해 실버바나 은화를 만들기 때문에, 실물 은 가운데서는 비교적 가격이 저렴한 편입니다. 주된 수요자는 은 가공업자들입니다.

실버바은괴는 일정한 규격과 무게로 만들어집니다. 보관과 적재가 쉽고, 브랜드 신뢰도가 높다는 장점이 있습니다. 다만 가공비가 포함되기 때문에 그래늘보다는 가격이 다소 높게 형성됩니다.

은화는 크게 두 가지로 나뉩니다. 하나는 국내에서 발행한 기념 주화로, 대부분 은 함량이 약 90% 수준입니다. 다른 하나는 일반 주화 형태로 제작된 은 메달이나 외국에서 수입된 투자용 은화입니다. 국내 기념 은화는 상대적으로 인기가 높지 않은 편이며, 시장에서 주로 거래되는 은화는 외국에서 수입된 제품들입니다.

수입 은화는 국내 반입 시 부가가치세 10%가 부과됩니다. 대표적으로 미국의 이글 은화가 가장 높은 가격대를 형성하고 있으며, 캐나다의 메이플, 호주의 캥거루, 오스트리아의 하모니, 영국의 브리타니아, 중국의 판다 은화 등은 가격과 인지도 면에서 큰 차이가 없습니다. 이 가운데 미국·영국·중국의 은화는 순도 99.9%이며, 캐나다·호주·오스트리아 은화는 99.99% 순도를 사용합니다.

일반적으로 가격은 '은화 → 은괴 → 그래늘' 순으로 형성되는 것이 정상입니다. 은화는 부가가치세가 포함되어 있고, 디자인과 유통 프리미엄이 붙기 때문입니다. 그러나 최근 시장에서는 은괴가 은화보다 더 비싸게 거래되는 이례적인 현상도 나타나고 있습니다. 이는 동일한 가치 대비 부피가 작고 보관이 용이한 은괴가 고액 자산가들에게 더 선호되기 때문으로 보입니다.

개인의 선택은 목적에 따라 달라질 수 있습니다. 순수한 투자 관점이라면 은괴가 효율적일 수 있습니다. 그러나 같은 가격이라면 은화를 선택하는 것도 충분히 합리적인 판단입니다. 은화는 명절에 세뱃돈처럼 건네기에도 적합합니다. 아이들이나 손주에게 아름다움을 경험하게 하고, 당장 사용하기 어려운 형태이기 때문에 자연스럽게 저축의 개념을 익히게 할 수 있습니다. 여기에 은의 탄생과 가치, 역사까지 함께 설명한다면, 은화는 단순한 자산을 넘어 하나의 교육 도구가 될 수 있습니다.

순도 99.9%와 99.99%의 차이는?

실물 은을 구매하다 보면 순도 99.9%와 99.99% 사이의 가격 차이를 마주하게 됩니다. 일반적으로 포나인 은괴는 쓰리나인 은괴보다 약 10만 원 정도 높은 가격에 판매되는 경우가 많습니다.

그러나 실제로 매도를 하러 가져가면 상황은 달라집니다. 종로 일대 금은방의 관행상, 포나인 은괴와 쓰리나인 은괴를 동일한 가격으로 매입하는 경우가 대부분입니다. 반면 금거래소나 일부 전문 거래처에서는 순도 차이를 반영해 3~5만 원 정도의 가격 차이를 두는 곳도 존재합니다.

이처럼 실물 은 거래에서는 구매가와 매도가의 기준이 반드시 일치하지 않는다는 점을 이해할 필요가 있습니다. 순도가 높다고 해서 언제나 매도 시 프리미엄을 온전히 인정받는 것은 아닙니다.

그래서 실물 자산을 거래할 때 가장 중요한 원칙은 '비교'입니다. 중국에는 화비삼가貨比三家라는 말이 있습니다. 상품은 반드시 세 곳 이상을 비교해 보라는 뜻입니다. 실제로 여러 거래처를 직접 돌아다니며 가격과 조건을 비교해 보면, 같은 물건이라도 평가가 크게 달라지는 경우를 자주 접하게 됩니다.

이 원칙은 국내 금은방뿐 아니라 해외 시장에서도 마찬가지입니다. 여러 상점을 비교하며 판단하는 습관은 불필요한 손해를 줄이고, 합리적인 거래로 이어집니다. 실물 은 투자 역시 예외가 아닙니다.

6-4

실물
은 투자 사용설명서

그래뉼

그래뉼은 종이박스 안에 비닐에 쌓여 있어서 볼품은 없지만
은 가공업자들이나 실버바와 코인을 만드는 원료가 되므로 투자
용으로 제일 좋습니다. 몇 년 전부터는 작은 플라스틱병에 1킬
로그램 단위로 넣어서 파는 곳이 많아졌습니다.

실버바

그래뉼을 원료로 만든 실버바는 종류가 매우 다양합니다. 한국조폐공사 제품이 가장 인지도가 높으며, 그 외에도 한국금거래소, 골드나라, 아시아골드, 대성금속, 한국표준금거래소, 삼성금거래소, 국제금거래소, 스태커스, 트레이드아크, 골든엔젤, 외국 수입 실버바 등이 시중에 유통되고 있습니다.

"어느 제품을 사는 것이 좋으냐"고 물으신다면, 저는 "가장 싼 것이 최고"라고 답하겠습니다. 그 이유는 나중에 되팔 때 가짜가 아닌 이상 제품 브랜드와 상관없이 거의 같은 값을 받기 때문입니다. 한국조폐공사나 한국금거래소 제품은 살 때 약간의 프리미엄이 붙기도 하지만, 해당 구입처에서 다시 파는 것이 아니라면 시중 매입가는 거의 동일하다고 보시면 됩니다.

또한 포나인과 쓰리나인 중 무엇을 사야 할지 고민하시는 분들도 많습니다. 종로 3가 도매점 기준으로 살 때는 포나인이 쓰리나인보다 10만 원가량 비싸게 책정되지만, 막상 팔려고 가져가면 두 제품 모두 같은 가격에 매입하는 것이 일반적입니다.

트레이드아크 실버바 구매법
제가 아는 가장 저렴한 곳은 실물 중개 플랫폼인 트레이드아크입니다. 실제로 2026년 1월 21일 12시 39분 기준으로 확인해 보니, 골든엔젤 쓰리나인 실버바 1킬로그램이 560만 원, 포나인 1킬로그램은 604만 원에 매물로 나와 있었습니다. 참고로 같은 시각 국제금거래소 실버바 1킬로그램은 600만 원, 아시아골드 실버바 1킬로그램은 610만 원 선이었던 것과 비교하면 확실히 저렴한 편입니다.

트레이드아크는 자금이 급한 판매자가 물건을 싸게 내놓는 시스템이라, 운이 좋으면 아주 좋은 가격에 매수할 수 있습니다. 핸드폰 앱스토어에서 '트레이드아크TradeArk'를 검색해 설치한 뒤, 절차에 따라 회원 가입을 하면 즉시 구매가 가능합니다.

트레이드아크 앱 내부 메뉴 중 유가증권 성격의 '트아마켓'과 실물 은을 거래하는 '상장마켓'이 있습니다. 실물을 구하시려면 상장마켓으로 들어가시면 됩니다.

상장마켓의 왼쪽 3줄은 금이고 오른쪽 3줄은 은의 실물 시장입니다.
오른쪽의 실버바(중량형), 실버코인(중량형), 실버(수집형) 아이콘 중
원하는 것을 누르면 됩니다.

196

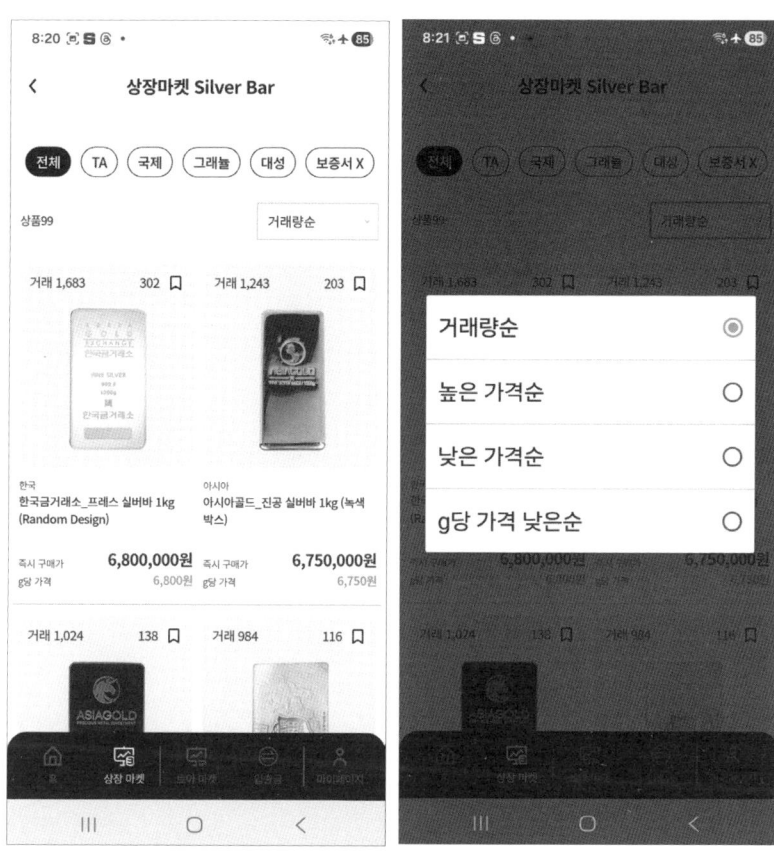

실버바를 누르면 '상장마켓 Silver Bar' 화면이 보입니다.
오른쪽 상단의 '거래량순'을 누르면
'거래량순', '높은가격순', '낮은가격순', 'g당 가격 낮은순'이라는 창이 뜹니다.

트레이드아크는 개인 판매자가 직접 가격을 정하는 시스템
이라, 단 10분 사이에도 매도자의 마음에 따라 가격이 몇 만 원

     PART 6 | 은의 미래_금과는 달라야 한다, 은 투자 전략

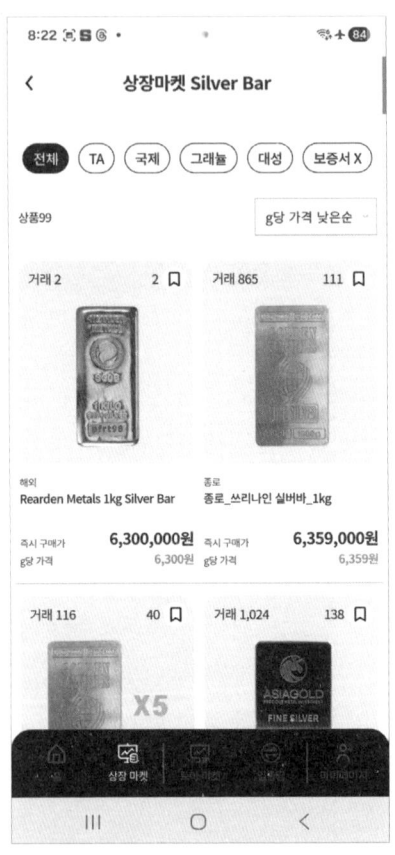

씩 바뀌곤 합니다. 따라서 여러 상품을 잘 비교하며 내가 원하는 가격의 매물이 나오기를 끈기 있게 기다리는 것도 좋은 전략입니다.

트레이드아크가 다른 금거래소 앱보다 저렴한 이유는 유튜버 실버아크정도현님이 국내 최초로 구축한 개인 간 실물 거래 플랫폼이기 때문입니다. 이 플랫폼의 주요 장점은 다음과 같습니다.

그중 'g당 가격 낮은순'을 체크하면 창이 사라지면서 상품 정렬이 g당 가격 낮은 순으로 바뀝니다. 여기서 마음에 드는 상품을 골라 구매할 수 있습니다.

- 합법적 절세: 개인 간 거래이므로 금·은 투자의 가장 큰 걸림돌인 부가가치세 10%를 전혀 내지 않아도 됩니다.
- 철저한 검증: 매물을 올리기 전 엄격한 품질 검사를 거치므로 가품 걱정이 없습니다.
- 안전 배송: 프리미엄 배송 회사인 발텍스를 통해 배달 사고를 미연에 방지합니다.
- 투명한 증빙: 종로3가 귀금속 거래소에서는 누락되기 쉬운 매입증명서를 트레이드아크에서는 언제든 발급받을 수 있습니다. 거래 날짜와 금액이 프로그램에 모두 기록되므로, 추후 세금 폭탄을 피하는 데 결정적인 역할을 합니다.

구매 후 보관 서비스도 제공하지만, 대기업이 아닌 중소기업이라는 한계도 분명히 존재합니다. 보안상 창고 위치가 비밀이고 보증보험 금액도 상대적으로 낮아, 장기 보관을 선뜻 추천하기는 어렵습니다. 물론 저는 대표님을 신뢰하여 보관을 맡기고 있지만, 이는 전적으로 각자의 판단과 결정에 따라야 할 몫입니다.

실버코인

실버코인은 크게 다섯 가지 종류로 분류할 수 있습니다.

- 한국의 기념 주화: 아시안 게임 및 서울 올림픽 기념 주화, 월드컵 기념 주화, 유관순·안중근·한글·광복 60주년 기념 주화 등이 있습니다. 하지만 순도가 99.9%가 아닌 90% 정도이며, 수집가들 사이에서는 '한글날 은화'를 제외하고는 인기가 높지 않습니다. 1986년이나 1988년에 기념 주화를 구매한 분들은 최근 은값이 크게 올랐음에도 불구하고, 당시 가치의 절반에도 못 미칠 만큼 인기가 낮다는 점을 참고해야 합니다.

- 외국의 1온스 법정 은화: 실제 은 투자자들이 가장 큰 관심을 두는 분야입니다. 외국에서 발행한 순도 99.99% 혹은 99.9%의 1트로이온스31.1g 법정 은화가 중심입니다. 주요 인기 종목은 미국의 이글자유의 여신, 캐나다의 메이플단풍잎 도안, 호주의 캥거루, 영국의 승리의 여신브리타니아, 오스트리아의 필하모닉, 중국의 판다 등이 대표적입니다.

- 외국의 법정 기념 주화: 99.9% 은화는 거의 없고 대부분은 은 함유 90% 정도입니다. 대부분 올림픽이나 월드컵 기념

품이지만 각국에서 시리즈로 만들어 국위 선양을 노리는 기념 주화들은 99.9%나 99.99%가 있습니다. 싱가포르의 색채 은화열대식물 등을 예로 들 수 있는데 프리미엄이 붙어서 비쌉니다.

- 한국의 은메달: 한국조폐공사에서 발행했으나 액면가는 없는 것과 한국금거래소에서 만든 1온스 독도 메달이나 무궁화 메달, 12성좌 메달, 아시아골드에서 만든 1온스 은메달 등이 있습니다.

- 외국의 오래된 상용 은화: 외국의 오래된 상용 은화는 1964년 이전의 은화들로, 실제로 미국과 일본 등에서 사용된 약 90% 은이 함유된 법정은화입니다. 미국 1달러, 50센트, 25센트, 10센트가 있고 일본의 100엔짜리가 주로 유통됩니다.

국내외 은화 가격 비교와 실버 코인의 진가

2026년 1월 21일 기준, 미국의 APMEX 사이트에서 이글 은화는 107.03달러, 캐나다 메이플리프 은화는 104.03달러에 거래되었습니다. 당시 환율1,469.9원을 적용하면 약 15만 7,720원이죠. 하지만 같은 시각 한국금거래소의 이글 은화 1트로이온스 가격은 31만 7,450원이며, 20개 들이 한 튜브는 634만 9,000원에 달합니다.

은 투자에 대해 잘 모르는 분들은 "미국에서 15만 원대인 물건을 어떻게 한국에서 31만 원이 넘는 돈을 주고 사느냐"며 투자를 포기하기도 합니다. 그렇다면 한국금거래소가 폭리를 취하는 것일까요? 단호하게 말씀드리면 아닙니다. 미국에서 한국으로 오는 운송비, 통관 시 발생하는 부가가치세 10%, 유통업체의 최소 마진을 고려하면 이는 적절한 수준의 판매가입니다.

그렇다면 왜 굳이 비싼 값을 치르고서라도 실버 법정 은화를 소유해야 할까요?

- 전 세계 어디서나 인정받는 환금성: 국내용 실버바는 주로 한국에서만 가치를 인정받으며, 중국 등 외국에서는 매도 시 별도의 검사비를 내야 하는 경우가 많습니다. 반면 법정 은화는 국제적인 공신력을 갖춰 전 세계 어디서든 안심하고 거래할 수 있습니다.
- 강력한 가품 방지: 법정 은화는 디자인이 매우 정교하여 복제가 어렵습니다. 무엇보다 국가가 발행한 법정 화폐를 위조할 경우 중형을 면치 못하므로 시중에 가품이 거의 없습니다.
- 실용적인 분할성: 1트로이온스 단위로 개별 분리되어 있어, 위급한 상황에서 필요한 만큼 나누어 사용하기에도 매우

적합합니다.

'국내용이냐 전 세계용이냐'를 비교해 본다면 답은 명확합니다. 실버 코인이 실버바보다 투자 가치 면에서 우위에 있습니다.

트레이드아크 실버 코인 구매법

이런 실버 코인실버 법정 은화을 저렴하게 사는 방법은 트레이드아크에서 구매하는 것입니다.

트레이드 아크, 상장마켓 화면에서
오른쪽 3번째 줄의
실버(수집형)을 클릭합니다.

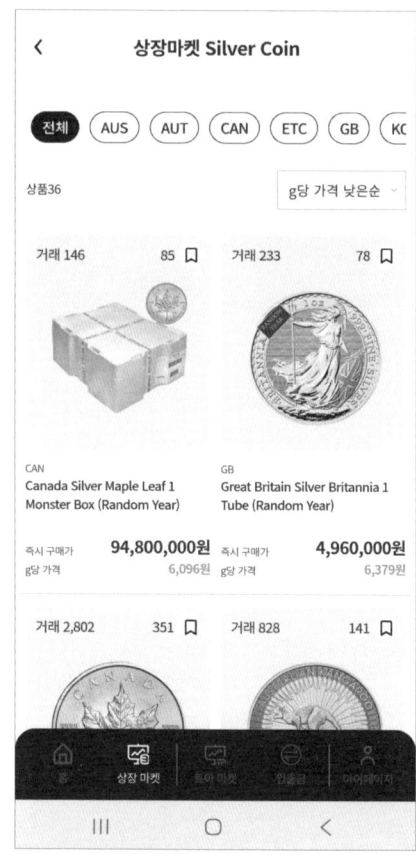

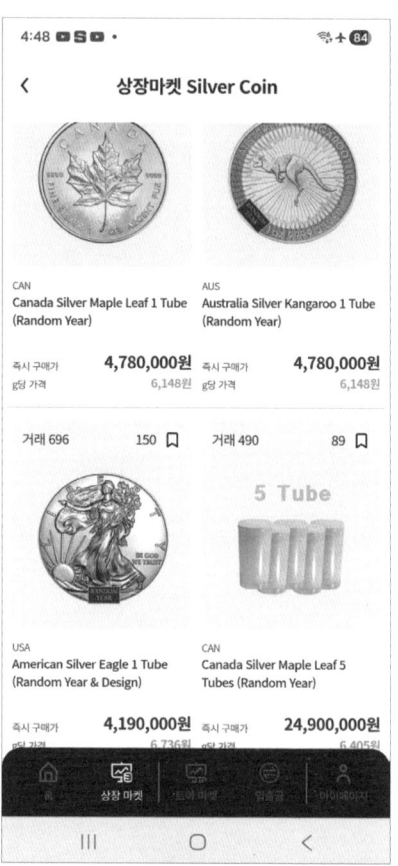

오른쪽 상단의 '거래량순'을 눌러 'g당 가격 낮은순'을
체크하면 화면이 그램당 가격 낮은 순으로
나타납니다.

'상장마켓 Silver Coin' 화면에서 내가 원하는 코인을
검색해 구매할 수 있습니다.

저는 트레이드아크와 어떤 이해관계도 없습니다. 다만 제가 찾은 가장 저렴한 곳이었습니다. 더 좋은 곳이 있다면 알려주시면 감사하겠습니다.

한국금거래소 실버코인 구매법

한국금거래소는 웹사이트를 활용합니다. URL 주소는 www.koreagoldx.co.kr 입니다. 포털창에서 검색해서 들어가시는 게 빠릅니다.

화면 상단에 금시세조회, 골드바, 실버바, 돌제품/열쇠/기념품 등이 있는데
그중 금화은화 항목을 클릭합니다.

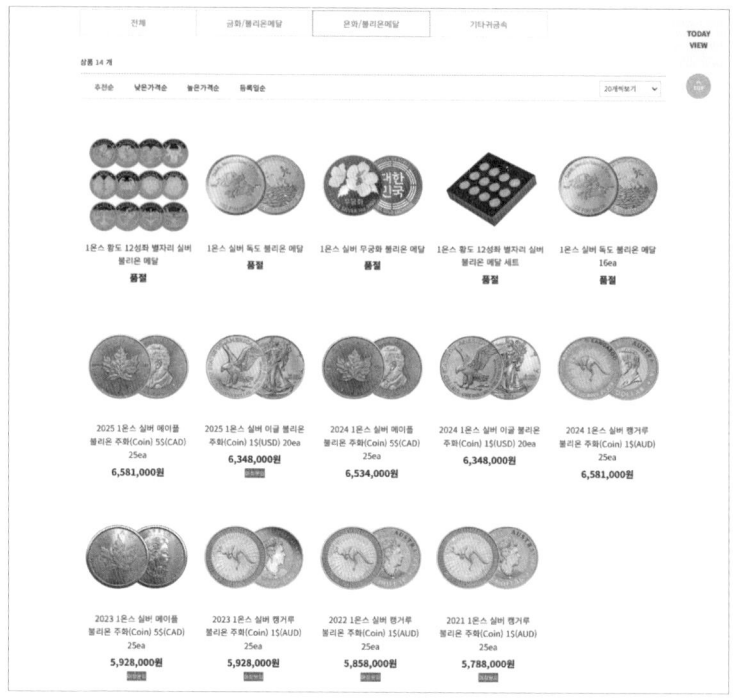

금화은화 항목을 클릭하면 화면 중간에 전체, 금화/불리온메달, 은화/불리온메달,
기타귀금속 항목이 있습니다. 은화/불리온메달을 클릭하면 구매 가능한 은화 목록이 뜹니다.

은 장신구

장신구로는 은수저가 널리 보급되었는데 99.9%와 92.5%가
함유된 2종류가 있습니다. 목걸이, 팔찌, 반지 등도 92.5% 은
과 7.5% 동을 섞은 스털링 실버라고 불리는 것을 주로 사용합

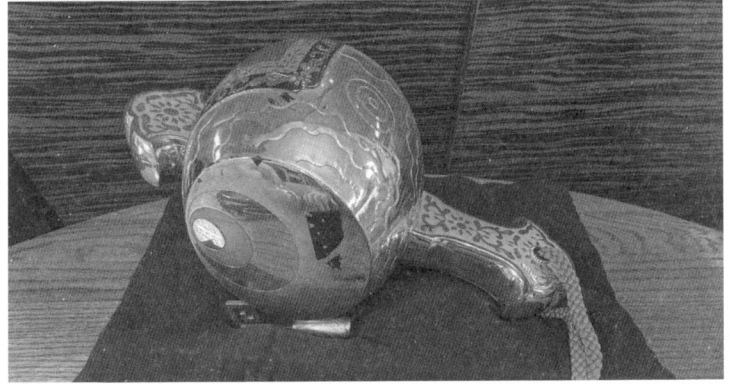

실버팩토리에서 구매한 일본 순은 제품입니다.
이런 은 공예품들이 관광 상품으로 많이 판매됩니다.

니다. 식기나 찻잔 세트 등도 92.5%를 주로 사용합니다. 특히 일본에서는 은 공예품이 발달되어 범선 모형이나 범선 액자로 만들어 관광 상품으로도 많이 사용합니다.

당근으로
은 사고팔지 마세요

    중고 거래 플랫폼을 통한 귀금속 직거래는 매장보다 저렴하게 자산을 취득할 수 있는 기회이지만, 동시에 '가짜도금'라는 치명적인 리스크를 동반합니다. 최근에는 육안이나 단순 장비로는 식별이 불가능한 '초정밀 위조품'이 기승을 부리고 있습니다. 소중한 자산을 지키기 위해 반드시 알아야 할 실전 감정법을 공개합니다.

개인 거래 시 반드시 챙겨야 할 3대 안전 수칙

귀금속 직거래는 단순히 물건을 주고받는 것이 아니라, '진위 여부를 확증하는 과정'이 핵심입니다.

진위 확인의 정석

제품에 각인된 홀마크24K, 18K, 925 등와 실물 보증서를 대조하십시오. 가장 확실한 방법은 판매자와 함께 인근 금은방에 방문하여 함량을 확인하는 것입니다. 이때 발생하는 감정 비용은 구매자가 부담하는 것이 관례입니다.

가격과 장소 선정

당일 시세를 기준으로 중량당 가격을 산출하십시오. 중고 거래는 공임비를 제외한 '순수 중량 시세'가 기준입니다. 장소는 가급적 CCTV가 설치된 공공장소나 은행 내부가 안전하며, 거래 기록을 위해 현금보다는 계좌 이체를 권장합니다.

사기 계정 판별

터무니없이 낮은 가격, 최근 가입한 계정의 고가 매물 도배, 카카오톡 등 외부 채널 유도는 100% 사기입니다.

'텅스텐'의 습격: 왜 전문가도 속는가?

최근 시장을 뒤흔드는 것은 중국산 '텅스텐Tungsten 금'입니다. 이는 과거의 조잡한 도금과는 차원이 다릅니다.

- 밀도의 함정: 순금의 밀도는 약 $19.3g/cm^3$이며, 텅스텐은 $19.25g/cm^3$로 소수점 단위까지 거의 일치합니다. 따라서 저울로 무게를 재거나 물속에서 부피를 재는 '비중 검사'로는 구분이 불가능합니다.
- 기술적 한계: 일반적인 엑스레이XRF 분석기는 표면만 측정합니다. 텅스텐 몸체 위에 금을 1~2밀리미터 정도만 입혀도 기계는 이를 '진짜 금'으로 인식합니다.

은 판별법: '차이나 실버'를 걸러내는 5가지 테스트

은은 금보다 저렴하지만 거래 단위가 커서 피해 금액이 상당할 수 있습니다. 전문 장비 없이도 개인이 수행할 수 있는 자가 테스트법을 익혀두십시오.

- 자석 슬라이딩 테스트: 강한 네오디움 자석을 대보십시오. 은은 자성이 없지만 미세한 척력이 발생합니다. 45도로 기울인 은 제품 위에서 자석이 아주 천천히 미끄러져 내려가면 진짜, 툭 떨어지면 가짜입니다.
- 얼음 테스트: 은은 금속 중에 열 전도율이 가장 높습니다. 실온의 은 위에 얼음을 올렸을 때 마치 뜨거운 불판 위처럼 순식간에 녹아내려야 진짜입니다.
- 소리Ping 테스트: 은 동전 등으로 살짝 두드렸을 때 "칭~"하는 맑고 긴 공명음이 나야 합니다. 둔탁한 "툭" 소리는 내부에 다른 금속이 섞였다는 신호입니다.
- 후각 테스트: 진짜 은은 무취입니다. 동전 특유의 쇠 냄새가 난다면 구리 함량이 높은 가짜입니다.
- 화학적 테스트시금액: 질산 한 방울을 떨어뜨렸을 때 암적색이나 크림색이 나오면 진품, 녹색으로 변하면 구리 합금입니다.

이러한 방법들을 사용해도 현장에서 완벽한 감정은 불가능에 가깝습니다. 대형 직영 거래소나 종로의 전문 감정소를 방문하여 초음파 검사내부 밀도 측정를 받는 것만이 유일하게 확실한 방어책입니다.

저는 다음과 같은 오프라인 매장을 추천합니다.

- 한국공인금거래소 서울 본점 02-766-3750

- 우신보석감정원 http://www.wooshinlab.com/

- 미래보석감정원 http://www.gem.or.kr/

백화점과 종로 가격이 동일할 리 없다

시중은행이나 백화점에서 은 현물을 구매할 수는 있지만, 실제로 물량이 충분하지 않은 경우가 많습니다. 무엇보다 이러한 공간이 제공하는 쾌적한 환경과 안정적인 온도 관리, 친절한 응대에는 모두 비용이 들어갑니다.

유통 구조가 가격을 만든다

은행과 백화점은 교통이 편리하고 접근성이 좋은 위치에 자리 잡고 있어 임대료 역시 매우 높습니다. 이러한 고정 비용은 상업 구조상 결국 상품 가격에 반영될 수밖에 없습니다.

따라서 "종로 가격과 동일하게 판매한다"는 안내 문구는 그대로 받아들이기보다는, 하나의 마케팅 표현으로 이해하는 것이 합리적입니다. 같은 상품이라도 유통 구조와 판매 환경에 따라 가격이 달라진다는 점을 염두에 두어야 합니다.

종로에서도 마찬가지입니다. 교통이 편리하고 인테리어가 화려한 매장은 상대적으로 가격이 높을 가능성이 큽니다. 반면 종로3가 안쪽, 차량 진입이 어려운 골목에 위치한 제조점이나 도매점은 여러 영업장에 물품을 공급하는 구조이기 때문에 가격이 더 합리적인 경우가 많습니다. 위탁 매매 역시 일반적인 인식과 달리, 특정한 사정에 따라 오히려 저렴한 가격이 형성되는 경우도 있습니다.

보관하는 자산에서 사용하는 자산으로

개인적으로는 종로3가 뒷골목을 천천히 둘러보며 은 제품을 살펴보는 시간을 즐깁니다. 과거에 은으로 만든 머그컵을 우연히 발견해 한 점을 구매한 적이 있는데, 이후 시간이 지나 다시 비슷

은은 보관하는 자산이기도 하지만, 이렇게 직접 쓰며
가치를 체감하는 자산이기도 합니다.

한 은 제품을 선물로 받았습니다. 가격의 상승 여부보다, 그 은잔에 물을 담아 마실 때 느껴지는 감각과 만족감이 더 오래 남았습니다. 물건의 가치는 숫자뿐 아니라, 사용하며 느끼는 경험에서도 만들어진다는 사실을 실감한 순간이었습니다.

　은 실물을 구매할 때는 항상 거래 상대방의 입장과 유통 구조를 함께 고려해야 합니다. 높은 임대료와 운영비가 드는 공간에서 저렴한 가격을 기대하는 것은 현실적인 접근이 아닙니다. 유통 비용이 어디에서 발생하는지를 이해하고, 그에 맞는 장소를 선택할 때 비로소 합리적인 구매와 안정적인 투자가 가능해집니다.

6-7

은 위탁 매매 시
주의해야 할 점

　은이나 금은 사는 것만큼이나 '어떻게 파느냐'가 수익률을 결정짓는 핵심 요소입니다. 일반적으로 금은방에 가서 즉시 현금을 받는 '직접 매입' 방식이 익숙하지만, 조금 더 높은 수익을 원하는 투자자들은 '위탁 매매Consignment Trading'에 주목합니다. 하지만 위탁 매매는 실물을 타인에게 맡기는 거래인 만큼, 그 이면에 숨겨진 리스크를 정확히 파악해야 합니다.

'대행'을 통한 가치 극대화

위탁 매매는 고객이 보유한 실버바 등의 실물 은을 거래소에 맡기고, 거래소가 판매를 대신 진행하는 방식입니다. 쉽게 말해, 금 거래소와 같은 전문 플랫폼에 자신의 물건을 위탁 판매 형태로 올리는 것입니다.

먼저 소유권에 대한 오해를 바로잡을 필요가 있습니다. 실물을 거래소에 맡겼다고 해서 소유권이 이전되는 것은 아닙니다. 판매가 실제로 완료되기 전까지 해당 은의 소유자는 여전히 고객, 즉 위탁자입니다.

판매 과정은 비교적 단순합니다. 거래소는 위탁받은 실물을 매장에 진열하거나 온라인 유통망에 등록해 적절한 매수자를 찾습니다. 거래가 성사되면 약정된 위탁 수수료를 제외한 금액이 고객에게 정산됩니다.

위탁 매매의 핵심 가치는 가격에 있습니다. 급하게 현금화할 필요가 없는 경우라면, 중간 유통 마진이 빠진 시세에 가까운 가격으로 실물을 판매할 수 있습니다. 직접 매도보다 시간이 조금 더 걸릴 수는 있지만, 제값을 받을 가능성이 높다는 점에서 위탁 매매는 실물 은의 가치를 극대화하는 방법이 될 수 있습니다.

위탁 매매 시 반드시 고려해야 할 4가지 리스크

높은 수익 가능성에는 언제나 그에 상응하는 비용과 위험이 따릅니다. 위탁 매매 역시 예외는 아닙니다. 위탁 방식을 선택하기 전, 다음의 네 가지 리스크를 반드시 검토해야 합니다.

시장 리스크: 시간과 시세의 상관관계

위탁 매매는 즉시 체결되는 거래가 아닙니다. 매수자가 나타날 때까지 짧게는 며칠, 길게는 몇 달이 소요될 수 있습니다. 이 대기 기간 동안 은 시세가 하락할 경우, 위탁 당시 기대했던 수익은 크게 줄어들거나 사라질 수 있습니다. 즉, 위탁 매매에서는 현금화의 속도와 가격 사이의 기회비용을 반드시 고려해야 합니다.

신용 리스크: 업체의 도덕적 해이와 횡령 가능성

가장 치명적인 위험 요소입니다. 위탁 매매는 실물을 업체가 직접 보관하는 구조이기 때문에, 영세하거나 신뢰도가 낮은 업체의 경우 자산을 들고 잠적하거나, 업체 파산 시 보상을 거부할 가능성도 배제할 수 없습니다. 결국 위탁 매매는 단순히 물건을 파는 것이 아니라, 업체의 신용도를 함께 매수하는 행위라는 점을 인식해야 합니다.

운영 리스크: 실물 가치의 훼손

보관이나 전시 과정에서 실버바나 골드바의 포장이 훼손되거나, 표면에 스크래치가 발생할 수 있습니다. 이러한 손상은 반환이나 매도 시 가치 하락의 원인이 됩니다. 또한 분실 사고가 발생할 경우, 보상 절차가 복잡해질 수 있으므로 해당 업체가 관련 보험에 가입되어 있는지 반드시 확인해야 합니다.

비용 리스크: 세금과 수수료의 함정

겉으로 보이는 판매 가격이 높더라도, 위탁 수수료가 과도하거나 개인 간 거래에서 발생할 수 있는 부가가치세10% 처리 기준이 불명확하다면 실제 수익은 기대에 미치지 못할 수 있습니다. 경우에 따라서는 직접 매도보다 손에 쥐는 금액이 더 적어질 수도 있습니다.

사실 저는 지금까지 은을 직접 매도해 본 경험은 없습니다. 앞서 설명한 위탁 매매와 매도 방식에 대한 내용은, 제 주변의 실제 사례와 일반적인 거래 관행, 그리고 상식적인 범위에서 정리한 것입니다.

다만 지난 10년간의 직장 생활과 27년간의 회사 경영 경험을 통해 분명히 깨달은 점이 하나 있습니다. 모든 투자 상품에서 사는 것만큼, 아니 그보다 더 중요한 것은 '파는 방식'이라는 사실입니다. 언제, 어디서, 어떤 구조로 매도해야 자신의 이익을 지키고 세금 문제에서도 불필요한 위험을 피할 수 있는지를 정확히 아는 사람이 진정한 전문가입니다.

법적으로 개인 간 현물 금과 은 거래는 면세로 해석되는 경우가 많습니다. 그러나 실제 과세 여부는 언제나 세무서의 판단에 따릅니다. 거래 금액이 커질수록 그 판단은 달라질 수 있으며, 이와 관련해 "금액이 일정 수준을 넘어가면 세무 리스크를 고려해야 한다"는 세무사의 조언을 받은 적도 있습니다.

이러한 점을 종합해 볼 때, 저는 은을 단기간에 한꺼번에 매도하기보다는 매달 일정 금액, 예를 들어 1,000만 원 이하 수준으로 나누어 현금화해 노후 자금으로 활용하는 방식이 현실적이고 안정적인 선택이 될 수 있다고 생각합니다. 은은 가격 변동을 노리는 투기 자산이기보다는, 시간을 두고 관리하며 필요할 때 꺼내 쓰는 장기적인 자산으로 접근할 때 그 가치가 더욱 분명해집니다.

실물 매매 플랫폼
사용설명서

대형 프랜차이즈 vs. 디지털 플랫폼

국내에서 은 위탁 매매는 크게 두 가지 경로로 이루어집니다. 하나는 전통적인 대면 방식, 다른 하나는 디지털 기반의 비대면 방식입니다. 투자자의 성향과 목적에 따라 선택은 달라질 수 있습니다.

대형 프랜차이즈
전국적인 오프라인 네트워크를 보유한 업체들입니다. 지점

221

에 직접 방문해 실물을 맡기면, 해당 프랜차이즈의 온·오프라인 유통망을 통해 위탁 판매가 진행됩니다. 브랜드 인지도가 높아 구매자를 찾기 쉽고, 실물을 직접 관리한다는 점에서 보관 안정성이 높다는 것이 가장 큰 장점입니다.

디지털 플랫폼

최근 들어 주목받고 있는 방식으로, 스마트폰 앱을 통해 개인이 직접 금이나 은을 등록하고 거래하는 구조입니다. 실물은 제휴된 지정 금은방이나 플랫폼 본사에서 검수 후 보관되며, 매매가 체결되면 정산이 이루어집니다.

중간 유통 단계를 줄인 구조이기 때문에 수수료 측면에서 경쟁력이 있는 경우가 많습니다. 또한 앱 기반으로 거래 절차가 단순화되어 있어, 시간과 장소의 제약 없이 접근할 수 있다는 점도 특징입니다.

한국금거래소의 디지털 플랫폼 '금방금방'

일부 대형 프랜차이즈는 오프라인 네트워크에 더해 자체 디지털 서비스를 함께 운영합니다. 대표적인 사례가 한국금거래소의 모바일 앱 금방금방입니다. 이 앱은 위탁 매매와 자산 관리를 디지털 환경에서 간편하게 이용할 수 있도록 설계되었습니다.

휴대폰 앱스토어에서 '금방금방'을 검색해 다운로드한 뒤 회원 가입을 하면 바로 이용할 수 있습니다.

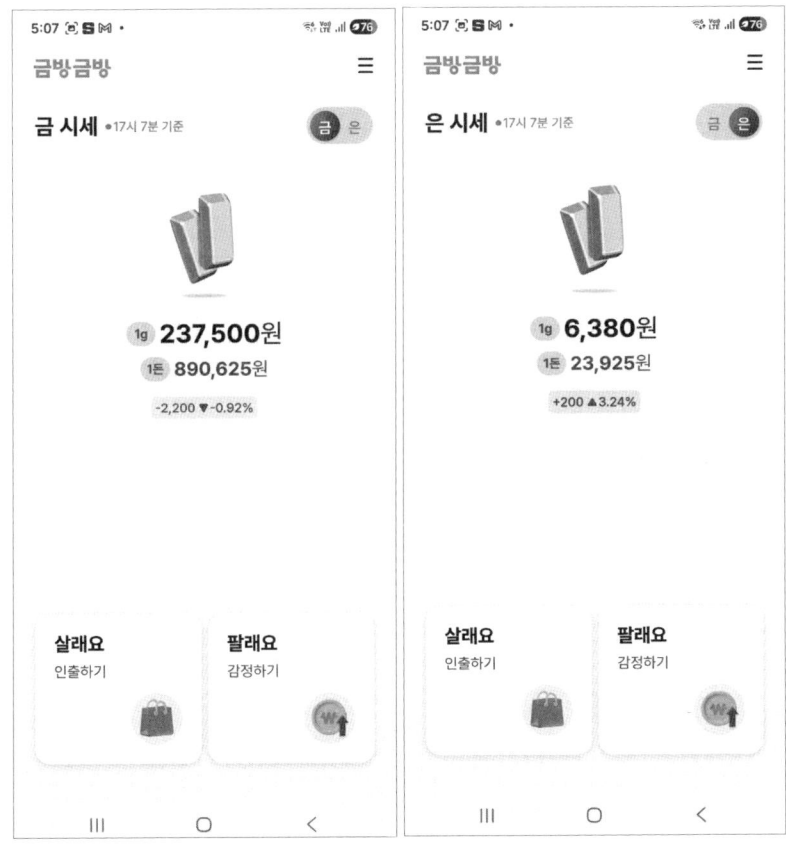

금방금방 앱 상단 오른쪽에 금, 은이 있어 터치하면
금과 은으로 나뉩니다.

앱의 '금방금방 쇼핑' 화면에서는 왼쪽에 쇼핑 메뉴, 오른쪽에 '살래요' 메뉴가 배치되어 있습니다. '살래요'는 유가증권 형식으로 금과 은을 0.005g 단위부터 매수할 수 있는 기능입니다. 이 방식은 실물을 즉시 인도받는 구조는 아니지만, 소액으로 분할 매수가 가능하며 시세 접근성이 좋다는 특징이 있습니다. 시점에 따라서는 실물 구매보다 단가가 낮게 형성되는 경우도 있습니다.

그 아래에는 추천 상품, 골드바, 실버바, 순금 기념품, 돌반지, 순금 목걸이·팔찌·

'실버바' 항목에 들어가면 실버바 뿐만 아니라 실버 코인도 함께 추천됩니다.

반지 등 카테고리가 정리되어 있어 실물 상품도 함께 확인할 수 있습니다.

'팔래요' 메뉴에서는 현재 시세가 표시되고, 유가증권 형태로

'팔래요'를 선택하면 은 시세와 함께 보유 자산의 매도 가능 수량이 표시됩니다.
'내 자산 팔기'를 누르면 매도가 진행됩니다.

보유 중인 자산이 정리되어 나타납니다. 매도 버튼을 누르면 절차에 따라 바로 처분이 가능합니다. 4년 전에 금방금방에서 유가증권형 은을 구입한 적이 있는데 저의 못된 성격상 30% 이익이 났을때 바로 처분한 경험이 있습니다.

해당 화면 하단에는 감정평가를 위한 대리점 예약하기 기능
도 마련되어 있습니다. 대리점 예약을 선택하면 가까운 지점을
고르고 예약일을 지정한 뒤, 감정평가 서비스 이용에 동의하는
절차로 진행됩니다. 전국에 대리점이 분포되어 있어 접근성은
비교적 좋은 편입니다.

감정 대상 자산에 대해 단계별로 예상 감정가를 확인하는 구
조는, 사용자 입장에서 가격 산정의 과정을 이해하는 데 도움이
됩니다.

금방금방은 대기업 계열 플랫폼이라는 점에서 신뢰도는 높
은 편이지만, 가격 경쟁력 측면에서는 중소 플랫폼과 차이가 있
을 수 있습니다. 예를 들어 트레이드아크 같은 플랫폼은 매입가
는 더 높게, 판매가는 더 저렴하게 형성되는 경우도 있습니다.
다만 이러한 경우에도 플랫폼의 신뢰도와 보관·정산 구조를 충
분히 비교한 뒤 선택하는 것이 필요합니다.

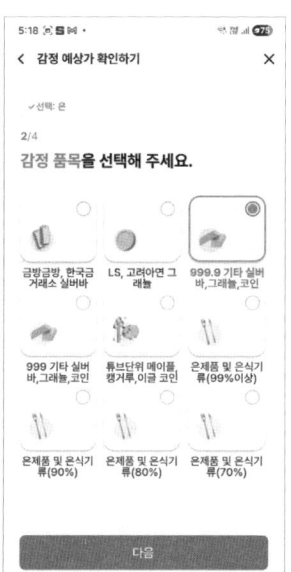

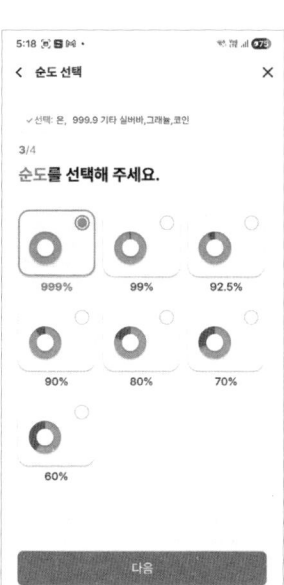

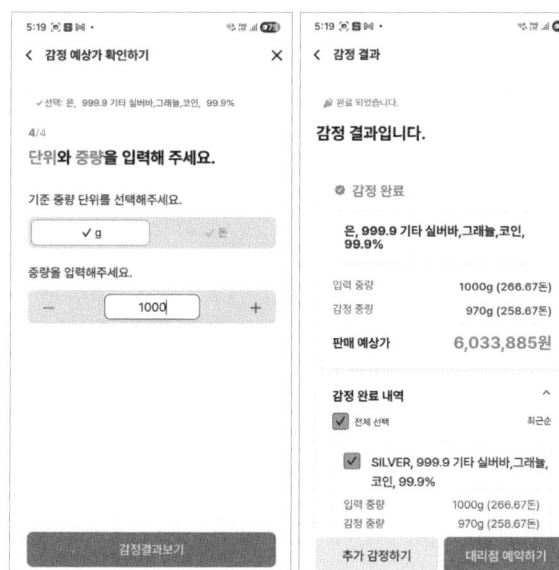

금방금방에서 감정 예상가는 1/4, 2/4, 3/4, 4/4 단계로 나뉘어 제시되며, 단계별 확인을 통해 감정가 산정 과정을 투명하게 확인할 수 있습니다.

은 투자, 금과는 전략이 다르다

은은 금보다 변동성이 크고 산업적 수요 비중이 높아 흔히 '가난한 자의 금'이라 불리기도 합니다. 그러나 투자 관점에서 은은 금과 전혀 다른 전략이 요구되는 자산입니다. 특히 한국에 는 금처럼 KRX 금시장과 같은 국가 공인 비과세 은 시장이 존 재하지 않기 때문에, 투자 방식에 따라 발생하는 세금 구조를 반드시 고려해야 합니다. 은 투자는 수익률보다 먼저 구조를 이 해하는 것이 중요합니다.

실물 은 구매: 장기 보유의 정석

가장 고전적인 방식은 민간 거래소를 통해 실버바를 직접 구매해 보유하는 것입니다. 실물을 손에 쥐고 장기간 보관할 수 있다는 점에서 안정감을 주는 방법입니다.

다만 구매 시 부가가치세 10%와 제작·유통 수수료가 함께 발생합니다. 이로 인해 은 가격이 최소 15~20% 이상 상승해야 비로소 수익 구간에 진입하게 됩니다. 따라서 실물 은 구매는 단기 매매보다는 자녀 증여, 장기 자산 보존, 또는 실물 자산 비중 확보용으로 적합합니다.

일반적으로는 이와 같은 비용 구조가 단점으로 지적되지만, 위탁 매매와 같은 방식을 활용하면 합법적인 범위 안에서 구매·매도 비용을 조정할 수 있는 여지도 존재합니다. 제도 위에는 정책이 있지만, 현실에서는 다양한 대안이 함께 작동합니다.

실버뱅킹과 은 ETF: 편의성과 세금의 트레이드 오프

실버뱅킹은 은행 계좌를 통해 은을 0.01그램 단위로 거래하는 방식입니다. 실물을 보유하지 않고 숫자로만 매매하기 때문에 매우 간편하지만, 매매 차익에 대해 15.4%의 배당소득세가 부과됩니다.

은 ETF·ETN은 증권사 계좌에서 주식처럼 거래할 수 있는 상품입니다. 수수료가 낮고 환금성이 뛰어나다는 장점이 있으나, 이 역시 차익에 대해 15.4%의 세금이 부과됩니다. 또한 금융소득이 일정 기준을 초과할 경우 금융소득 종합과세 대상이 될 수 있어, 투자 규모가 커질수록 세 부담이 커질 수 있습니다.

은 그래뉼: 가성비, 그러나 위험 상존

은 그래뉼 투자는 세공용 은 알갱이를 대량으로 매입하는 방식입니다. 실버바에 비해 공임이 거의 들지 않아 단가 측면에서는 효율적일 수 있습니다. 그러나 일반 투자자가 순도와 품질을 직접 검증하기 어렵고, 추후 매도 시 가치를 온전히 인정받지 못할 가능성이 존재합니다.

이러한 문제를 보완하기 위해 일부 거래소에서는 자체 명의로 1킬로그램 단위의 밀봉 용기에 담아 그래뉼을 판매하기도 합니다. 이 경우 실버바보다 다소 저렴한 가격으로 접근할 수 있지만, 여전히 실물 관리와 매도 구조에 대한 이해가 필요합니다.

네이버 카페
사용설명서

　　이론을 넘어 실물 자산 투자와 은퇴 이후의 삶에 대한 경험을 나누고 싶다면, 국내에서 가장 활발하게 운영되는 커뮤니티 중 하나인 네이버 카페 '실버팩토리'를 주목할 필요가 있습니다. 이곳은 단순한 정보 검색을 넘어, 비슷한 고민을 가진 사람들이 모여 실제 경험을 공유하고 교환과 매매까지 이루어지는 실전 중심의 공간입니다. 처음 방문하는 독자를 위해 기본적인 이용 방법을 단계별로 정리해 보겠습니다.

첫걸음: 카페 가입하기

카페의 모든 정보를 활용하기 위해서는 먼저 정식 '멤버'가 되어야 합니다.

- 접속: 네이버 검색창에 '실버팩토리'를 입력해 카페에 접속합니다.
- 가입 절차: 메인 화면 왼쪽의 '카페 가입하기' 버튼을 클릭한 뒤, 가입 경로와 간단한 인사말 등 기본 질문에 답하고 보안문자를 입력하면 가입이 완료됩니다.

활동의 시작: 등업 프로세스

대부분의 네이버 카페는 보안과 커뮤니티 질서 유지를 위해 등업 제도를 운영합니다. 가입 직후의 '새싹멤버' 단계에서는 일부 게시판 이용이 제한될 수 있으므로, 아래와 같은 활동을 통해 등급을 올리는 것이 좋습니다.

- 인사의 품격: '가입인사' 게시판에 간단한 자기소개와 인사

를 남깁니다.

- 꾸준한 출석: 카페 방문 시 '출석부' 게시판에 출석 체크를 하면 방문 기록이 누적됩니다.
- 공감과 소통: 다른 회원의 글에 댓글을 달거나, 본인의 경험을 간단한 글로 공유해 보십시오.
- 필수 확인: 정확한 등업 기준방문 횟수, 게시글 수, 댓글 수 등은 카페 왼쪽 메뉴의 '등급 안내' 공지를 확인하는 것이 가장 정확합니다.

건강한 커뮤니티를 위한 에티켓

실물 자산과 노후를 주제로 하는 성숙한 커뮤니티인 만큼, 소통 과정에서의 기본적인 매너가 중요합니다.

- 상호 존중: 모든 회원에게 존댓말을 사용하는 것을 원칙으로 합니다.
- 정직한 정보 공유: 광고성 글이나 근거 없는 비방, 과장된 정보는 커뮤니티의 신뢰를 해칠 수 있으므로 자제해야 합니다.

- 이미지 활용: 글 작성 시 '사진' 아이콘을 활용해 실물 자산이나 일상 사진을 함께 첨부하면, 내용의 신뢰도와 공감도가 한층 높아집니다.

PART 7

은의 투자_ ETF부터 토큰까지: 은 투자 루트 총 정리

7-1

디지털 토큰
플랫폼

은 투자 역시 이제는 보다 똑똑한 방식이 요구되는 단계에 접어들었습니다. 무거운 실버바를 집 안에 보관하자니 도난이 걱정되고, 막상 매도하려 해도 직접 들고 나가야 하는 번거로움이 따릅니다.

이러한 물리적 한계를 해결하기 위해 등장한 것이, 실물 은을 글로벌 금고에 보관하면서 디지털 방식으로 관리할 수 있도록 설계된 금융 플랫폼입니다.

미국의 실물 연동 금융 플랫폼인 키네시스 머니Kinesis Money는 실물 은을 안전하게 보관하는 동시에, 보유량에 따라 매달 은으로 보상이 지급되는 독특한 구조를 운영하고 있습니다. 단순한 보관 서비스가 아니라, 실물 자산과 디지털 금융을 결합한 새로운 형태의 은 보유 방식이라 할 수 있습니다.

키네시스의 핵심: 은 토큰 'KAG'란 무엇인가?

키네시스에서 은을 매수하면, 계좌에는 'KAG'라는 단위가 숫자로 기록됩니다. 이 KAG는 단순한 가상 수치가 아니라, 실물 은과 직접 연결된 자산 단위입니다.

실물과 1:1 대응 구조

1 KAG는 순도 99.9%의 실물 은 1트로이온스약 31.1그램를 의미합니다. 예를 들어 스마트폰 화면에 '10 KAG'가 표시되어 있다면, 전 세계에 분산된 키네시스의 지정 금고 중 한 곳에 해당 수량의 은 10트로이온스가 실제로 보관되어 있다는 뜻입니다.

보관료 부담 없음

일반적으로 금은방이나 은행 금고에 은을 보관할 경우 매달 보관료가 발생합니다. 그러나 키네시스 시스템에서는 별도의 보관료가 부과되지 않습니다. 실물 은을 보유하면서도 장기 보관 비용에 대한 부담을 줄일 수 있다는 점이 특징입니다.

실물 인출 가능 구조

KAG는 숫자로만 존재하는 자산이 아닙니다. 일정 수량 이상을 보유한 경우, 실제 은을 실버바 형태로 인출할 수 있습니다. 현재 기준으로는 200온스_{약 6킬로그램} 단위부터 실물 인출 신청이 가능하며, 절차를 거쳐 실물 은을 직접 배송받을 수 있습니다.

세계 유일의 혜택: 은 보유 이자

키네시스가 전 세계 은 투자자들로부터 주목받는 가장 큰 이유는, 은을 보유하는 것만으로도 이자를 '은'으로 지급받을 수 있는 구조에 있습니다. 이는 기존 금융 시스템에서는 찾아보기 어려운 방식입니다.

이자 재원의 구조

키네시스의 이자는 은행처럼 자산을 대출해 발생하는 이자가 아닙니다. 전 세계 이용자들이 키네시스 플랫폼에서 은을 매수·매도할 때마다 약 0.45%의 거래 수수료가 발생하며, 키네시스는 이 수수료 총액의 15%를 따로 적립합니다. 이 적립된 재원이 바로 은 보유자에게 지급되는 이자의 원천입니다.

이자 산정 방식

플랫폼 내에서 은 거래가 활발해질수록 이자 풀은 커집니다. 동시에 보유한 은의 수량이 많을수록 지급받는 이자 역시 증가합니다. 즉, 거래량과 보유량이 동시에 반영되는 구조로, 매달 배당금처럼 은이 자동으로 계좌에 적립됩니다.

복리 구조의 작동

이자로 지급받은 은은 별도의 절차 없이 즉시 보유 자산에 포함됩니다. 이번 달에 받은 은이 다음 달 이자 산정의 기준이 되는 구조이기 때문에, 시간이 지날수록 보유 은 수량이 점진적으로 증가하는 복리 효과를 기대할 수 있습니다.

실전! 키네시스로 나의 은 주머니 만들기

외국 서비스라고 해서 겁먹을 필요는 없습니다. 다음 순서대로 차근차근 진행하면 됩니다. 다만 외국 플랫폼과 국내 거래소를 함께 쓰는 구조인 만큼, 주소·네트워크·본인 정보 일치가 핵심입니다.

1단계: 계좌 개설과 본인 인증KYC

먼저 스마트폰에 키네시스 머니 앱을 설치한 뒤 가입합니다. 가입 후에는 본인 인증KYC을 완료해야 입·출금과 거래 기능을 정상적으로 이용할 수 있습니다.

키네시스는 안내 문서에서, 인증이 보통은 빠르게 처리되지만 추가 확인이 필요한 경우 1~3일 걸릴 수 있다고 설명합니다.

① 여권 등 신분증을 촬영해 업로드합니다.
② 얼굴 사진라이브니스 체크 포함을 촬영해 제출합니다.
③ 승인 완료 후 거래 기능을 사용할 수 있습니다.

2단계: 투자금 보내기

원화₩를 키네시스로 직접 송금하는 방식이 항상 간단한 것은 아닙니다. 실무적으로는 국내 가상자산 거래소를 경유해

USDT테더를 보내는 방법을 활용하는 경우가 많습니다.

진행 흐름은 다음과 같습니다.

① 국내 거래소에서 USDT를 매수합니다.

② 키네시스 앱에서 'Receive받기' 메뉴로 들어가 USDT 입금 주소를 확인합니다. 통화별로 주소가 다릅니다.

③ 국내 거래소의 출금송금 화면에서 받는 주소를 붙여넣고 네트워크체인 선택을 정확히 맞춘 뒤 출금합니다.

④ 키네시스 계정에 USDT가 입금되면 다음 단계로 넘어갑니다.

한국은 트래블룰 적용이 강화되는 방향으로 움직여 왔습니다. 2025년 11월 말 이후에는 소액 쪼개기 등으로 정보 확인을 회피하는 방식이 통하지 않도록 규정이 확대되는 흐름이 보도되었습니다.

따라서 실제로는 금액과 무관하게, 국내 거래소에서 출금할 때 수취처 정보 확인, 본인 명의 일치, 추가 인증을 요구할 수 있습니다. 이 부분은 거래소 정책에 따라 실행 화면이 달라질 수 있습니다.

그리고 처음에는 큰 금액을 한 번에 보내기보다, 소액으로 테

스트 출금을 먼저 해두면 실수를 줄일 수 있습니다. 주소·네트워크가

한 글자라도 틀리면 복구가 어렵습니다.

3단계: 은 매수하기

키네시스 계좌에 USDT가 입금되면, 이제 은KAG을 매수할 차

례입니다.

① 앱에서 'Exchange거래소' 메뉴로 들어갑니다.

② 거래쌍에서 'KAG/USDT'를 선택합니다. USDT로 KAG를 매수

한다는 의미입니다.

③ 수량을 입력한 뒤 'Buy사기'를 누르면 매수가 진행됩니다.

④ 매수가 완료되면 계좌에 KAG 잔고가 표시되고, 보유 구조

에 따라 홀더 보상Holder's Yield 산정 대상이 되는 방식으로

연결됩니다플랫폼 안내 기준.

트래블룰이란?

트래블룰Travel Rule은 가상자산을 송금할 때 보내는 사람과 받는 사람의 신원 정보를 함께 확인·전달하도록 한 규제입니다. 자금세탁과 범죄 자금 이동을 막기 위해 국제기구FATF의 권고로 도입되었습니다. 국내 거래소에서 국외 플랫폼으로 송금할 경우, 양쪽 계정의 실명 정보가 일치하는지를 확인하는 절차가 요구될 수 있습니다. 금액과 관계없이 거래소 정책에 따라 추가 인증이나 송금 제한이 발생할 수 있습니다. 따라서 가상자산 송금 전에는 주소, 네트워크, 명의 일치 여부를 반드시 점검해야 합니다.

2026년형 키네시스 앱, 100% 활용법

홈 화면Dashboard

홈 화면에서는 현재 보유한 전체 자산 규모와 이번 달에 적립된 은 이자를 한눈에 확인할 수 있습니다. 타인에게 화면을 보여주기 꺼려질 경우에는 '프라이버시 모드'를 활성화해 금액을 숨길 수도 있습니다. 실사용 환경을 고려한 기능입니다.

수익Earn 탭

수익 탭에서는 지금까지 받은 은 이자가 날짜별 그래프로 정리되어 표시됩니다. 시간이 지날수록 은 보유량이 어떻게 늘어났는지를 시각적으로 확인할 수 있어, 장기 투자자의 만족도를 높여줍니다.

가상 카드Kinesis Card

키네시스 카드 기능을 이용하면 이자로 받은 은이나 보유 중인 은을 별도의 환전 과정 없이 바로 결제에 사용할 수 있습니다. 은을 팔아 현금화한 뒤 다시 사용하는 번거로움 없이, 카드 한 장으로 은을 실생활의 결제 수단처럼 활용할 수 있는 구조입니다. 이는 은이 단순한 보관 자산을 넘어 '사용 가능한 자산'으로 확장되고 있음을 보여주는 사례입니다.

내 은, 정말 안전할까?

외국 플랫폼이라는 점에서 "내 자산이 안전할까"라는 의문이 드는 것은 자연스러운 일입니다. 키네시스 역시 이러한 불안을 의식해, 투명성과 검증 절차를 핵심 가치로 내세우고 있습니다.

연 2회 실물 감사

키네시스는 6개월마다 외부 전문 감사 기관을 통해 금고 실사를 받습니다. 감사 기관은 금고에 보관된 은이 실제로 존재하는지를 직접 확인하고, 그 결과를 보고서 형태로 공개합니다. 이는 장부상 숫자만 존재하는 이른바 '종이 은'이 아니라는 점을 증명하기 위한 장치입니다.

케이만 제도 금융 규제

키네시스는 케이만 제도 금융청CIMA에 등록된 금융 서비스로, 해당 지역의 제도적 틀 안에서 관리·감독을 받습니다. 조세 측면의 이점이 있는 지역이지만, 동시에 정식 규제 기관의 관할 아래에 있다는 점은 구조적 안정성을 판단하는 하나의 기준이 됩니다.

다만 제도적 장치와 별개로 투자 판단은 항상 개인의 몫입니다. 키네시스는 한국 내 지점이나 물리적 창구가 없으며, 서비스 중단이나 회사 운영 변화가 발생할 경우 대응 수단이 제한적일 수 있습니다. 또한 국외 플랫폼 특성상 스팸성 연락이나 피싱 시도가 발생할 가능성도 배제할 수 없습니다.

이러한 이유로 저는 개인적으로 실제 거래를 진행하지 않았습니다. 구조 자체는 흥미롭고 혁신적이지만, 모든 위험 요소를 감수할 만큼의 확신에는 아직 이르지 않았다고 판단했기 때문입니다. 이 장에서 소개한 내용은 하나의 선택지로 이해하되, 충분한 검토와 소액 테스트를 거친 뒤 각자의 기준에 맞게 판단하시기 바랍니다.

7-2

한국 주식 ETF로 은에 투자하기

실물 은이나 국외 플랫폼이 부담스럽다면, 국내 주식 시장을 통해 은 가격 변동에 투자하는 방법도 있습니다. 대표적인 수단이 바로 은 선물 기반 ETF·ETN 상품입니다. 증권 계좌만 있으면 주식처럼 간편하게 매매할 수 있다는 점에서 접근성이 높습니다.

국내에서 은 가격에 연동되는 대표적인 상품으로는 KODEX 은선물(H), TIGER 금은선물(H), 그리고 신한 레버리지 은 선물 ETN(H)이 있습니다. 흔히 'TIGER 은선물'이라고 부르는 상품은 실제로는 TIGER 금은선물(H)을 지칭하는 경우가 많아, 정확한 구분이 필요합니다.

이들 상품은 모두 국제 은 가격을 기초 자산으로 삼되, 투자 구조와 위험 수준에는 차이가 있습니다. 본 장에서는 각 상품의 특징을 비교해 보고, 어떤 투자자에게 적합한지 살펴보고자 합니다.

상품별 핵심 비교의 출발점

세 상품의 공통점부터 짚어볼 필요가 있습니다. 이들 모두 상품명 끝에 (H)가 붙은 환헤지 상품입니다. 이는 국제 은 가격의 변동에는 노출되지만, 달러/원 환율 변동의 영향은 최소화하도록 설계되었다는 의미입니다. 다시 말해 은 가격이 올랐는데 환율 때문에 수익이 줄어들거나, 반대로 환율 변동으로 손익이 왜곡되는 상황을 줄이기 위한 구조입니다.

다만, 공통점은 여기까지입니다. ETF와 ETN의 구조적 차이, 선물 추종 방식, 레버리지 여부에 따라 위험도·보유 기간 적합성·손익 구조는 크게 달라집니다. 은을 '장기 자산 배분의 일부'로 볼 것인지, 아니면 '가격 변동을 활용한 투자 대상'으로 볼 것인지에 따라 우리의 선택 역시 달라져야 합니다.

이제 각 상품을 하나씩 살펴보겠습니다.

국내 상장 은 선물 연계 ETF·ETN 상품 비교

구분	KODEX 은선물(H)	TIGER 금은선물(H)	신한 레버리지 은 선물 ETN(H)
상품 종류	ETF(상장지수펀드)	ETF(상장지수펀드)	ETN(상장지수증권)
운용사/ 발행사	삼성자산운용	미래에셋자산운용	신한투자증권
기초 지수	S&P GSCI Silver Index (TR)	S&P GSCI Precious Metals Index (TR)	DJIM Silver 2X Leverage Index
투자 대상	은 선물 100% 추종	금(약 90%)+은(약 10%)	은 선물 200%(2배) 추종
총 보수(연)	약 0.68%	약 0.69%	약 0.60%(제비용 포함)
특징	국내 유일의 순수 은 ETF	안전자산(금) 비중이 매우 높음	공격적 투자, 발행사 신용위험 존재

상세 분석 및 차이점

KODEX 은선물(H): 순수한 은 가격 투자

• 성격: 국내에서 가장 정석적으로 은 가격 상승에 투자할 수
있는 상품입니다.

- 장점: ETF 상품이므로 발행사 파산 위험이 없고, 자산은 신탁 구조로 안전하게 보관됩니다. 은 가격이 상승할 경우 이를 정방향으로 반영합니다.
- 단점: 레버리지 상품이 아니기 때문에 단기간에 큰 수익을 기대하기보다는, 은의 실물 가치 상승 흐름에 동참하고자 하는 투자자에게 적합합니다.

TIGER 금은선물(H) : 사실상 금 중심

- 주의사항: 'TIGER 은선물'이라는 이름의 순수 은 ETF는 현재 존재하지 않습니다. 가장 유사한 이 상품은 구성상 금 비중이 약 90%에 이릅니다.
- 성격: 은에만 집중하기보다는 금을 중심으로 귀금속 전반에 분산 투자하고자 할 때 활용할 수 있는 상품입니다.
- 추천 대상: 은의 높은 변동성이 부담스럽고, 금을 중심으로 안정성을 확보하면서 은을 소량 편입하고 싶은 투자자에게 적합합니다.

신한 레버리지 은 선물 ETN(H): 고위험·고수익의 공격적 선택

- 성격: 은 선물 가격 변동폭의 2배를 추종하는 레버리지 상품입니다. 은 가격이 1% 상승하면 2% 수익을 얻지만, 반대

로 1% 하락하면 2% 손실이 발생합니다.

- 주요 위험 요인
- 신용 위험: ETF와 달리 ETN은 발행사인 신한투자증권의 신용을 기반으로 합니다. 발행사에 문제가 발생할 경우 원금 손실 가능성이 존재합니다.
- 만기 구조: ETN은 ETF와 달리 만기가 정해져 있어 장기 보유 시 반드시 만기 조건을 확인해야 합니다.
- 변동성 잠식: 횡보장이나 변동성이 큰 장세에서는 레버리지 특성상 가치가 서서히 감소하는 현상이 발생할 수 있습니다.

현재 한국에는 KRX 은 시장이 개설되어 있지 않기 때문에, 위와 같은 국내 은 선물 기반 상품들은 매매 차익에 대해 15.4%의 세금이 부과되며, 일정 금액을 초과할 경우 금융소득 종합과세 대상이 됩니다. 이러한 세금 구조로 인해 투자 매력도가 제한되는 것이 현실입니다.

미국 주식 시장 비교

SLV, SIVR, PSLV

미국 시장에 상장된 은Silver 관련 대표 상품으로는 SLV, SIVR, PSLV가 있습니다. 이들 상품은 모두 은 가격을 추종하지만, 운용 구조·비용·세금·실물 연계성에서 중요한 차이를 보입니다.

결론부터 정리하면 다음과 같습니다. 단기 트레이딩에는 SLV, 장기 보유에는 SIVR, 실물 안전성과 인출 가능성을 중시한다면 PSLV가 상대적으로 유리합니다.

SLV(iShares) Silver Trust

- 특징: 세계에서 가장 규모가 크고 거래량이 많은 은 ETF입니다. 블랙록이 운용하며, 실물 은을 기반으로 설계되어 있습니다.
- 장점: 유동성이 매우 풍부해 원하는 시점에 매수·매도가 용이합니다. 옵션 거래도 활발해 다양한 전략 구사가 가능합니다.
- 단점: 운용 보수가 세 상품 중 가장 높은 편에 속합니다.

SIVR(abrdn) Physical Silver Shares ETF

- 특징: SLV와 마찬가지로 실물 은을 기반으로 하지만, 낮은 운용 보수를 강점으로 내세운 ETF입니다.
- 장점: 연 0.30%의 저렴한 운용 보수로 장기 투자 시 비용 부담이 적습니다. 또한 런던 금고에 보관된 은 바Bar 목록을 매일 공개해 투명성이 높습니다.
- 단점: SLV에 비해 거래량이 적어, 대규모 금액을 한 번에 매매할 경우 호가 스프레드가 발생할 수 있습니다.

PSLV(Sprott) Physical Silver Trust

- 특징: 캐나다의 스프로트Sprott가 운용하는 폐쇄형 펀드Closedend Trust 구조입니다. 실물 은은 캐나다 조폐국 금고에 보관됩니다.

- 장점: 일정 조건을 충족하면 실물 은으로 인출이 가능합니다. 또한 미국 거주자의 경우 세법상 유리한 구조PFIC 관련로 기관 투자자들이 선호합니다.
- 단점: 폐쇄형 구조 특성상 실제 은 가치 대비 프리미엄 또는 할인된 가격으로 거래될 수 있어, 시장 가격과 자산 가치 간 괴리가 발생할 수 있습니다.

미국 상장 은 ETF·트러스트 상품은 양도소득세 22%, 기본공제 250만 원이 적용되며, 금융소득 종합과세 대상이 아닙니다. 이 점 때문에 고액 자산가들이 선호하는 경향이 있습니다.

한눈에 비교하는 핵심 지표 (2026년 기준)

구분	SLV(iShares)	SIVR(abrdn)	PSLV(Sprott)
자산 규모(AUM)	가장 큼(약 470억 달러)	중간 (약 70억 달러)	큼 (약 150억 달러)
운용 보수	0.50%	0.30%	0.62%
보관 장소	런던, 뉴욕 등	런던	캐나다 조폐국
실물 인출	사실상 불가	사실상 불가	가능(조건부)
주요 용도	단기/활동적 매매	장기 적립식 투자	실물 가치 신뢰 투자

어떤 상품을 선택해야 할까?

- 단기 매매가 목적이라면 → SLV: 거래량이 풍부해 슬리피지 체결 손실가 가장 적습니다.
- 1년 이상 장기 보유할 계획이라면 → SIVR: 낮은 운용 보수가 장기 수익률 방어에 유리합니다.
- 금융 시스템 리스크에 대비해 실물 안전성을 중시한다면 → PSLV: 캐나다 정부 금고 보관과 실물 인출 옵션이 심리적 안정감을 제공합니다.

AGQ, 신한 레버리지 은 선물 ETN

미국 시장의 AGQ ProShares Ultra Silver와 한국 시장의 신한 레버리지 은 선물 ETN(H)은 모두 은 가격의 일일 변동폭을 2배로 추종하는 레버리지 상품입니다.

결론부터 정리하면, 환율 변동 위험을 피하고 세금 신고의 번거로움을 줄이고 싶다면 '신한 ETN', 풍부한 유동성과 달러 자산 보유 효과를 함께 노린다면 'AGQ'가 상대적으로 유리합니다.

다음 비교를 통해 본인의 투자 성향에 맞는 상품을 선택해 보시기 바랍니다.

주요 특징 비교

구분	AGQ (미국 ETF)	신한 레버리지 은 선물 ETN(H)
상장 시장	미국(NYSE Arca)	한국(KRX)
운용 보수	연 0.95%	연 1.05% 내외(제비용 포함)
환노출 여부	환노출(달러 환율 영향 받음)	환헤지(H)(환율 변동 영향 거의 없음)
거래 시간	한국 시간 야간(23:30~06:00)	한국 시간 주간(09:00~15:30)
자산 형태	ETF(펀드 구조)	ETN(발행사 신용 기반 증권)

핵심 차이점 분석

가장 큰 차이: 세금 구조

- 신한 ETN: 매매 차익에 대해 15.4% 배당소득세가 부과됩니다. 연간 금융소득이 2,000만 원을 초과할 경우 금융소득종합과세 대상이 될 수 있습니다.
- AGQ: 연간 250만 원까지 기본공제가 적용되며, 초과분에 대해서는 22% 양도소득세가 부과됩니다. 분리과세이므로 다른 소득과 합산되지 않아, 고액 투자자에게는 오히려 유리할 수 있습니다.

환율 효과: 달러 vs. 원화

- 신한 ETN(H): 환헤지 상품으로, 은 가격 변동에만 집중할 수 있습니다. 환율 상승에 따른 추가 수익은 없지만, 원화 강세로 인한 손실도 제한됩니다.
- AGQ: 은 가격 상승에 더해 달러 가치 상승 효과까지 기대할 수 있습니다. 위기 국면에서 달러 강세가 나타날 경우 헤지 수단으로 활용할 수 있으나, 원화 강세 시 수익이 감소할 수 있습니다.

거래 편의성 및 괴리율

- 신한 ETN: 국내 주식 계좌에서 바로 거래할 수 있어 접근성이 뛰어납니다. 다만 거래량이 적은 구간에서는 괴리율이 발생할 가능성이 AGQ보다 상대적으로 높습니다.
- AGQ: 전 세계 투자자가 참여하는 상품으로 유동성이 매우 풍부합니다. 호가 공백이 거의 없어 대규모 거래에서도 비교적 안정적인 체결이 가능합니다.

'신한 레버리지 은 선물 ETN(H)'이 적합한 경우

- 환율 변동을 신경 쓰지 않고 은 가격에만 집중하고 싶을 때
- 한국 장 시간대에 실시간 대응이 필요할 때

- 소액 투자자로서 해외 양도소득세 신고가 부담될 때

'미국 AGQ ETF'가 적합한 경우

- 자산의 일부를 달러 기반 자산으로 보유하고 싶을 때
- 수익 규모가 커서 국내 금융소득 종합과세가 부담될 때
- 풍부한 거래량 속에서 안정적인 호가로 매매하고 싶을 때

주의사항

두 상품 모두 '일일 수익률의 2배'를 추종하는 레버리지 상품입니다.

은 가격이 일정 방향으로 꾸준히 상승하는 경우에는 레버리지 효과가 유리하게 작용할 수 있습니다. 그러나 가격이 오르내리기를 반복하는 횡보장이나 변동성이 큰 장세에서는 문제가 발생합니다.

레버리지 상품은 매일 수익률을 기준으로 재조정되기 때문에, 가격이 올랐다가 다시 내려오는 과정이 반복되면 원금이 점점 깎이는 구조가 됩니다. 이를 '변동성 잠식Volatility Drag'이라고 합니다.

예를 들어 기초 자산이 하루에 +10%, 다음 날 −10%를 기록하면 실제 가격은 원래 수준에 거의 돌아오지만, 2배 레버리지

상품은 손실이 누적되어 더 낮은 가격에 머무르게 됩니다.

따라서 이러한 상품은 장기 보유보다는 단기 대응용으로 활용하는 것이 바람직합니다.

은 광산주 ETF란
무엇인가

은 광산주 ETF는 은 가격 그 자체가 아니라, 은을 채굴하거나 은 생산과 직접적으로 연결된 기업들에 투자하는 상품입니다. 대표적인 상품이 바로 SIL Global X Silver Miners ETF 입니다.

- 운용사: Global X 미래에셋
- 종목 코드 Ticker: SIL
- 상장일: 2010년 4월 19일
- 운용 수수료: 연 0.65%
- 배당 주기: 연 2회 반기 배당

- 추종 지수: Solactive Global Silver Miners Total Return Index

SIL은 단순히 은 가격을 추종하는 상품이 아니라, 은 생산을 통해 수익을 창출하는 기업들의 주가 흐름을 묶어 추종합니다. 따라서 실물 은이나 은 선물 ETF와는 성격이 다릅니다.

주요 구성 종목

은 광산주 ETF인 만큼, 직접적인 은 채굴 기업뿐 아니라 스트리밍Streamimg 기업도 함께 포함되어 있습니다. 스트리밍 기업은 광산 개발 단계에서 자금을 제공하고, 향후 생산되는 귀금속을 미리 약정된 가격에 확보하는 구조를 갖습니다.

- 위튼 프레셔스 메탈스WPM: 세계 최대의 귀금속 스트리밍 업체 비중 약 22%
- 팬 아메리칸 실버PAAS: 주요 은 채굴 및 탐사 기업 비중 약 12%
- 커 마이닝CDE: 미국 소재의 은 및 금 광산 기업
- 헥클라 마이닝HL: 북미 최대의 은 생산 업체
- 프레스닐로 PLC: 런던 상장 기업으로 세계적인 은 생산량 보유

특이사항으로, 한국의 고려아연Korea Zinc 역시 약 4% 내외의 비중으로 포함되어 있습니다. 이는 은 광산주 ETF가 단순한 '은 채굴 기업 모음'이 아니라, 은 생산과 정제·유통까지 연결된 산업 전반을 포괄하고 있음을 보여줍니다.

SIL ETF의 특징 및 투자 포인트

- 은 가격과의 상관관계: 은 실물 가격이 상승할 때 광산 기업의 이익은 더 빠르게 증가하는 경향이 있습니다. 이로 인해 SIL은 일반적으로 은 선물이나 실물 은보다 변동성이 더 크게 나타납니다. 상승장에서는 더 크게 오르지만, 하락장에서는 더 크게 하락할 수 있습니다.

- 산업적 수요 반영: 은은 금과 달리 태양광 패널, 전기차, 반도체 등 산업용 수요가 50% 이상을 차지합니다. 따라서 경기 회복 국면이나 친환경·첨단 산업이 성장할 때, 은 광산 기업들은 직접적인 수혜를 받을 가능성이 큽니다.

- 지정학적 분산: SIL은 캐나다약 60%를 중심으로 미국, 멕시코 등 여러 국가의 광산 기업에 분산 투자합니다. 이를 통해 단일 국가나 특정 광산의 문제로 인한 리스크를 일정 부분 완화합니다.

대형 광산주 vs. 주니어 광산주(SIL vs. SILJ)

SIL이 시가총액이 큰 대형 은 광산주를 중심으로 구성된 ETF 라면, SILJAmplify Junior Silver Miners ETF는 중소형 광산주, 이른바 '주니어 마이너Junior Miners'에 집중 투자하는 상품입니다.

주니어 광산주는 탐사·개발 단계에 있는 기업이 많아 은 가 격 변동에 민감하게 반응하며, 이에 따라 변동성이 크지만 상승 장에서는 보다 공격적인 수익을 기대할 수 있습니다.

SIL vs. SILJ 핵심 비교 요약

구분	SIL (Global X Silver Miners)	SILJ (Amplify Junior Silver Miners)
핵심 성격	대형 우량 광산주 중심(안정성)	중소형 탐사·개발사 중심(성장성)
운용사	Global X(미래에셋)	Amplify
보유 종목수	약 35~40개	약 50~60개
운용 수수료	연 0.65%	연 0.69%
변동성	상대적으로 낮음	매우 높음(은 가격 증폭기)
배당 수익률	약 1.0~1.1%	약 1.6~2.0%(최근 증가세)

투자 대상의 차이

• SIL대형주 중심: 이미 상업 생산 단계에 진입해 안정적인 현금 흐름을 창출하고 있는 '메이저' 은 광산 기업들에 투자합

니다. 휘튼 프레셔스 메탈스 같은 대형 스트리밍 기업의 비중이 높아, 은 가격 변동 시에도 실적 변동 폭이 상대적으로 제한되는 경향이 있습니다. 이로 인해 하락 국면에서 방어력이 비교적 우수한 편입니다.

- SILJ주니어 광산주: 은 탐사 또는 광산 개발 초기 단계에 있는 '주니어Junior' 기업들에 집중 투자합니다. 생산 규모는 작지만 은 가격이 급등할 경우 신규 광산의 가치가 빠르게 재평가되며, 그에 따라 주가 변동성이 크게 확대됩니다. 상승장에서는 SIL보다 훨씬 공격적인 수익을 기대할 수 있는 반면, 조정 국면에서는 손실 폭도 커질 수 있습니다.

성과 및 변동성: 2025~2026 트렌드

- 레버리지 효과: SILJ는 일반 은 선물SLV이나 SIL보다 가격 변동에 훨씬 민감하게 반응합니다. 2025년 한 해 동안 은 가격이 급등했던 국면에서 SILJ는 약 180%대의 수익률을 기록하며, SIL와 160%대을 웃도는 성과를 보였습니다. 은 가격 상승 국면에서는 주니어 광산주의 특성이 강하게 드러납니다.
- 리스크 요인: 반대로 은 가격이 조정을 받을 경우, SILJ의 하락 폭은 SIL보다 훨씬 큽니다. 중소형 광산 기업들은 자금 조달 환경에 민감하며, 금리 상승기에는 투자 심리가 급격

히 위축될 수 있습니다. 이로 인해 변동성 확대 구간에서는 손실이 빠르게 누적될 가능성도 존재합니다.

어떤 것을 선택해야 할까?

- SIL을 추천하는 경우: 은 시장의 장기적인 성장을 믿지만, 과도한 변동성은 피하고 싶은 투자자에게 적합합니다. 상대적으로 시가총액이 크고 재무 구조가 안정적인 기업 위주로 투자하고 싶을 때 선택할 만한 상품입니다.
- SILJ를 추천하는 경우: 은 가격 상승기에 수익을 극대화하고 싶은 공격적인 투자자에게 적합합니다. 높은 변동성을 감수할 수 있고, 단기간 내 강한 반등을 노리는 하이 리스크·하이 리턴 전략을 선호하는 경우에 선택할 수 있습니다.

참고로 2025년부터 SIL 100주를 보유하고 있는데, 체감상 가격 움직임은 SLV와 매우 유사하게 느껴집니다.

광산주 투자의 본질적 리스크

광산주는 구조적으로 다양한 불확실성을 안고 있는 자산입니다. 기업 자체의 경영 실패나 경영진의 횡령 가능성, 광산 현장에서 발생할 수 있는 안전사고, 각국 정부의 환경 규제 강화나 정책 변화까지 고려해야 할 변수가 매우 많습니다. 이러한 요소들은 개별 기업의 실적과 주가에 직접적인 영향을 미칠 수 있습니다. 따라서 광산주에 관심이 있더라도 자산 전체를 기준으로 접근하기보다는, 감당 가능한 범위 내에서 제한적으로 활용하는 것이 바람직합니다. 개인적으로는 여유 자산의 5% 이하로 비중을 관리하는 접근이 합리적이라고 판단합니다.

주요 은 생산 기업

종목명 (티커)	거래소	특징
팬 아메리칸 실버 (PAAS)	NASDAQ	세계 최대 수준의 은 생산 기업입니다. 2025년 MAG Silver 인수를 통해 멕시코 주요 광산을 확보했습니다.
퍼스트 마제스틱 실버(AG)	NYSE	전체 매출에서 은이 차지하는 비중이 매우 높은 퓨어 플레이(Pure Play) 종목입니다. 멕시코 광산 위주이며 주가 변동성이 큽니다.
헤클라 마이닝 (HL)	NYSE	미국과 캐나다에서 가장 큰 은 생산 업체로서 지정학적인 리스크가 적은 북미 지역 중심의 운영이 강점입니다.
커 마이닝 (CDE)	NYSE	미국과 멕시코 등에서 은과 금을 생산하는 중견 광산 기업입니다.
실버코프 메탈스 (SVM)	NYSE AM	중국 내 저비용 은·납·아연 광산을 운영하며, 상대적으로 현금 흐름이 안정적이라는 평가를 받습니다.
후난 실버	SZ(심천 증권거래소)	중국의 제련 및 은 생산 기업으로 가장 큽니다. 최근 가격이 급상승했습니다.

7-5

스트리밍과 로열티 기업

스트리밍 기업은 직접 채굴을 하지 않고 광산 프로젝트에 자금을 제공하는 대신, 약정된 가격으로 은을 공급받는 구조입니다. 채굴 현장의 운영 리스크가 거의 없기 때문에 광산주에 비해 안정성이 높다는 평가를 받습니다.

세계 최대의 귀금속 스트리밍 기업으로는 휘튼 프레셔스 메탈스WPM가 대표적입니다.

스트리밍 기업은 광산 운영 비용 상승, 즉 인플레이션 리스크에서 비교적 자유롭고, 현금 흐름이 안정적이어서 배당 역시 꾸준한 편입니다. 이와 유사한 구조의 로열티 기업으로는 로열 골드가 있으며, 금 비중이 높기는 하지만 은 로열티 자산 역시 상당 부분 보유한 우량 기업으로 평가됩니다.

광산주 투자를 고려할 때 가장 중요한 지표는 채굴 비용을 의미하는 AISCAll-In Sustaining Cost입니다. 은 가격이 상승하더라도 AISC가 함께 높아지면 기업의 실제 수익성은 제한될 수 있기 때문에, 단순히 은 가격 전망만 보고 접근하는 것은 위험합니다.

2026년 들어 세계 주요 은 생산 기업 가운데 후난 실버의 주가가 급등하며 시장의 주목을 받았습니다. 주가 추이를 살펴보면 다음과 같습니다.

날짜	주가 (종가 기준)	등락률 (전일 대비)	주요 특징
1월 5일 (첫 거래일)	7.61위안	–	새해 첫 거래로, 비교적 안정적인 흐름을 보였습니다.
1월 14일	9.92위안	+9.98%	상한가를 기록, 본격적인 급등이 시작되었습니다.
1월 16일	11.15위안	+5.79%	10위안 돌파, 심리적 저항선을 상향 돌파하였습니다.
1월 21일	13.64위안	+10.00%	다시 상한가, 시장 자금 쏠림 현상이 뚜렷합니다.
1월 23일	16.44위안	+9.60%	연중 고점 경신을 지속했습니다.

후난 실버는 1월 초 7.61위안에서 출발해 1월 23일 16.44위안까지 상승하며, 불과 3주 만에 2배 이상약 116.03% 급등했습니다. 이처럼 단기간에 가격이 과도하게 상승하면 기술적 지표 역시 과열 신호를 보이기 쉽습니다. 실제로 RSI상대강도지수가 90을 넘어 극심한 과매수 구간에 진입한 것으로 해석될 수 있으므로, 단기적으로는 조정이 나타날 가능성도 염두에 둘 필요가 있습니다.

다만 이 구간에서 더 중요한 초점은, 중국 내에서 은의 가치를 재인식하며 매수세가 유입되기 시작했다는 점입니다. 중국은 1934년까지 은본위제를 운용했던 역사적 경험을 가진 나라로, 은에 대한 심리적 친숙도가 높습니다. 은과 금을 한때 6:1 수준으로 교환할 만큼 은을 귀하게 여겼던 기억도 남아 있습니다.

이런 중국에서 은에 대한 관심이 커졌다는 것은, 건설 경기 침체와 전반적인 경기 둔화 속에서 갈 곳을 잃은 자금이 금과 은 같은 실물 자산으로 이동하고 있음을 보여주는 신호로 해석할 수 있습니다. 결국 이는 은 가격이 상승 압력을 받을 수밖에 없는 구조적 환경이 형성되고 있음을 시사합니다.

SLV 매수 실전 가이드: 계좌 개설부터 주문까지

이제 미국 주식 시장에 상장된 은 ETF를 매수하는 방법을 살펴보겠습니다. 대표적인 은 ETF인 SLV는 일반적인 미국 주식을 매수하는 것과 동일한 절차로 거래할 수 있습니다. 처음 시작하는 분들을 위해, 계좌 개설부터 실제 매수까지의 과정을 단계별로 정리해 보겠습니다.

증권사 계좌 개설: 국내 증권사 이용

미국 주식을 거래하려면 국내 증권사의 '해외주식 거래'가 가능한 계좌가 필요합니다.

- 준비물: 신분증주민등록증 또는 운전면허증, 본인 명의 스마트폰
- 증권사 선택: 키움증권, 미래에셋증권, 삼성증권, 한국투자증권, 토스증권 등 평소 사용하기 편한 증권사를 선택하면 됩니다.
- 개설 방법: 해당 증권사 앱MTS을 설치한 뒤, '비대면 계좌 개설' 메뉴를 통해 절차에 따라 가입합니다.

해외주식 거래 신청 및 환전

계좌 개설이 끝났다면, 미국 주식을 매수하기 위한 기본 설정이 필요합니다.

- 해외주식 거래 신청: 앱 내 메뉴에서 '해외주식 거래 신청' 또는 '외화증권 매매 신청'을 선택해 약관 동의를 진행합니다.
- 예수금 입금: 투자할 금액을 원화로 증권 계좌에 입금합니다.
- 환전 또는 통합증거금 이용
  - 직접 환전: 앱의 환전 메뉴에서 원화를 달러로 환전합니다.
    영업 시간 외에는 가환율이 적용될 수 있습니다
  - 통합증거금원화 주문: 최근 대부분의 증권사는 원화로 주문하면 자동 환전해 주는 기능을 제공합니다. 이 기능을 활성화하면 별도의 환전 없이 바로 매수가 가능해 편리합니다.

SLV 검색 및 매수 주문

이제 실제로 SLV를 찾아 매수할 차례입니다.

- 종목 검색: 해외주식 검색창에 티커인 'SLV'를 입력합니다.
- 거래 시간 확인한국 시간 기준
- 서머타임 적용 시: 22:30~익일 05:00
- 서머타임 미적용 시: 23:30~익일 06:00
- 최근에는 일부 증권사에서 주간 거래도 지원하므로, 낮 시간 거래가 필요하다면 해당 기능을 확인해 볼 수 있습니다.
- 주문하기: 실시간 주가를 확인한 뒤 원하는 수량과 가격을 입력하고 '매수' 버튼을 누르면 주문이 완료됩니다.

센골드(비단) VS.
스테이크

최근 금융 시장에서 가장 주목받는 화두 중 하나는 실물 자산 토큰화RWA입니다. 이는 금, 은, 부동산처럼 실체가 있는 자산을 디지털 증표로 전환해, 소액 단위로 거래할 수 있도록 만드는 기술을 의미합니다. 실물 자산의 안정성과 디지털 금융의 편의성을 결합했다는 점에서, 개인 투자자들의 관심도 빠르게 높아지고 있습니다.

이러한 흐름 속에서 국내 개인 투자자들에게 가장 친숙하게 다가온 플랫폼이 바로 센골드CENGold와 세종텔레콤의 스테이크STAKE입니다. 두 서비스 모두 '디지털 금은방'을 표방하지만,

구조와 철학에는 분명한 차이가 존재합니다.

디지털 금은방의 탄생: 센골드와 '비단'

센골드는 국내 최대 귀금속 유통업체인 한국금거래소의 계열사인 한국금거래소 디지털에셋이 운영하는 실물 자산 조각 투자 플랫폼입니다. 실물 금과 은을 기반으로 한 디지털 자산을 소액 단위로 거래할 수 있도록 설계되어, 금·은 투자의 진입 장벽을 크게 낮춘 것이 특징입니다.

최근 센골드는 부산 디지털 자산거래소에 인수되면서 서비스 명칭이 '비단Bdan'으로 변경되었습니다. 다만 명칭과 운영 주체에 변화가 있었을 뿐, 실물 자산을 기반으로 한 조각 투자라는 핵심 구조와 서비스 방식 자체는 기존과 동일합니다.

즉, 비단은 센골드의 연장선에 있는 서비스로 이해하는 것이 가장 정확합니다. 실물 귀금속을 기반으로 하되, 모바일 환경에서 보다 간편하게 사고팔 수 있도록 만든 국내형 실물 자산 토큰화 플랫폼이라 볼 수 있습니다.

주요 거래 품목과 신뢰도

센골드에서는 금e금과 은e은을 비롯해 플래티넘, 팔라듐, 구리, 니켈, 주석까지 총 7종의 금속 자산을 거래할 수 있습니다. 이 플랫폼의 가장 큰 강점은 단연 신뢰성입니다.

센골드는 한국금거래소가 실물 자산을 직접 보증하는 구조로 운영됩니다. 앱 화면에 표시되는 'e금 1g'은 개념적인 수치가 아니라, 실제 순금 1그램의 가치와 1:1로 연동된 디지털 자산입니다.

즉, 가격 산정의 기준이 되는 실물 자산이 명확하며, 그 보관과 관리 책임 역시 국내 최대 귀금속 유통업체가 직접 맡고 있다는 점에서 개인 투자자 입장에서는 심리적 부담이 크게 줄어듭니다.

센골드 투자의 3대 매력

초소액 투자

센골드는 0.0001그램 단위로 거래가 가능해, 100원 내외의 금액으로도 금 투자를 시작할 수 있습니다. 과거 금 투자가 일정 수준 이상의 자산가만 접근할 수 있는 영역이었다면, 이제는

MZ세대가 커피 한 잔 값으로 금을 모으는 이른바 '금테크'가 일상적인 투자 방식으로 자리 잡았습니다.

포인트의 자산화

OK캐쉬백이나 카드사 포인트처럼 일상 속에 쌓여 있지만 쉽게 쓰이지 않는 포인트를 금이나 은으로 전환할 수 있다는 점도 큰 장점입니다. 소멸을 기다리던 포인트가 실물 가치와 연동된 안전 자산으로 바뀌는 셈으로, 소비 포인트를 자산으로 전환하는 효과를 누릴 수 있습니다.

23시간 실시간 거래

센골드는 국제 금·은 시세와 환율에 연동되어 평일과 주말을 가리지 않고 하루 23시간 거래가 가능합니다. 시장 변동이 발생했을 때 시간 제약 없이 스마트폰으로 즉시 대응할 수 있어, 직장인이나 개인 투자자에게도 접근성이 매우 높은 구조입니다.

투자 관문으로서의 '스테이크'

세종텔레콤의 스테이크STAKE는 센골드와 연동되어 제공되는 포인트 전환 기반 재테크 서비스입니다. 두 서비스가 함께 언급되는 경우가 많아 혼동되기 쉽지만, 실제로는 역할이 분명히 구분되어 있습니다.

센골드가 실물 자산을 사고파는 거래의 무대라면, 스테이크는 그 무대로 들어가기 위한 입구이자 연결 통로에 가깝습니다.

스테이크의 핵심 기능: 포인트의 재발견

스테이크는 일상 속에 흩어져 있는 각종 포인트와 리워드를 한데 모아, 실물 자산 투자로 연결해 주는 '관문Gateway' 역할을 합니다. 사용자는 광고 시청이나 미션 수행 등을 통해 리워드를 적립하고, 이를 스테이크 포인트로 전환합니다. 이렇게 모인 포인트는 다시 센골드 앱을 통해 e금이나 e은 매수로 이어지며, 소비성 포인트가 자산으로 전환되는 구조가 완성됩니다.

이 과정에서 스테이크는 단순한 포인트 적립 앱을 넘어, '앱테크 – 실물 자산 투자 – 장기 자산 축적'을 잇는 하나의 생태계를 형성합니다. 작은 보상에서 시작해 실제 가치 자산으로 이동하게 만드는 점이 스테이크의 핵심적인 존재 이유입니다.

스테이크 vs. 센골드: 무엇이 다른가?

두 서비스의 차이를 이해하기 위해 흔히 접하는 쇼핑몰 구조에 비유해 보겠습니다. 스테이크가 '쇼핑몰 앱'이라면, 센골드는 그 쇼핑몰 안에서 실제로 판매되고 보관되는 실물 금과 은 그 자체에 해당합니다.

스테이크와 센골드의 역할 비교

구분	스테이크	센골드(비단)
정체성	재테크 및 포인트 관리 플랫폼	실물 자산 거래소 및 시스템
운영사	세종텔레콤	한국금거래소디지털에셋
주요 역할	포인트 적립 및 자산 관리 통로	실제 금·은 매매, 실물 보관 및 인출
사용자 경험	"돈 안 들이고 푼돈 모아 투자하기"	"본격적으로 자산의 일부를 금에 투자하기"

결국 스테이크를 통해 매수한 금과 은 역시 센골드 시스템 안에서 실물 자산으로 보관됩니다.

스테이크는 세종텔레콤 이용자들이 포인트와 리워드를 활용해 보다 쉽고 부담 없이 금·은 투자에 입문할 수 있도록 설계된 전용 관문이며, 센골드는 그 자산이 실제로 관리되고 증명되는 핵심 인프라라고 이해하면 정확합니다.

실전 투자자를 위한 체크리스트: 수수료와 세금

조각 투자의 성패는 수익률보다 먼저 비용 구조를 얼마나 정확히 이해했는가에 달려 있습니다. 투자를 시작하기 전에, 다음의 항목들을 반드시 점검해 두어야 합니다.

매매 차익 비과세

센골드를 통한 금 투자는 KRX 금시장과 유사하게 매매 차익에 대한 배당소득세 15.4%가 부과되지 않습니다. 이는 일반 펀드나 ETF 투자와 비교했을 때 매우 강력한 세제상 장점으로, 장기 보유 시 누적 수익률에 큰 차이를 만듭니다.

거래 수수료

매수와 매도 시 플랫폼 정책에 따라 약 0.25%~0.5% 수준의 거래 수수료가 발생합니다. 빈번한 매매를 반복할 경우 이 수수료가 누적되어 체감 수익률을 낮출 수 있으므로 주의가 필요합니다.

실물 인출의 함정

디지털 자산 상태로 거래할 때는 세금 부담이 없지만, 이를 실제 골드바로 인출하는 순간 부가가치세 10%와 실물 제작 공임비가 추가로 발생합니다. 따라서 센골드는 실물 수령보다는 시세 차익을 노리는 디지털 자산 운용 관점에서 접근하는 것이 구조적으로 유리합니다.

스프레드 확인

매수 가격과 매도 가격 사이에는 항상 일정한 가격 차이, 즉 스프레드가 존재합니다. 이 구조를 감안하면 잦은 단기 매매보다는, 일정 기간에 걸쳐 천천히 쌓아가는 '금 저축' 개념의 접근이 보다 합리적입니다.

현재는 서비스 통합 과정에 따라 비단 앱을 통해 센골드와 스테이크의 기능을 함께 이용할 수 있습니다. '내 포인트 가져오기' 메뉴를 통해 잠자고 있는 포인트 자산을 확인해 볼 수 있지만, 아직까지는 대중적인 인지도는 높지 않은 편입니다.

글로벌 불리온: 수입 대행 업체의 구조와 주의점

글로벌 불리온Global-Bullion 같은 수입 대행 업체는 비교적 낮은 가격을 제시하는 경우가 많지만, 실제 구매 과정에서는 부가 가치세와 관세가 추가로 부과됩니다. 따라서 주문 단계에서 제시된 금액만 보고 판단하기보다는, 실물 은을 인도받기까지 발생하는 총 비용을 반드시 확인한 뒤 구매해야 합니다.

국내 은 가격 괴리가 만든 수입 대행 수요

이처럼 수입 대행 업체가 빠르게 늘어나고 있는 배경에는, 국내 실물 은 가격이 국제 시세에 비해 지나치게 높게 형성되어 있다는 구조적 문제가 자리하고 있습니다. 다만 가장 중요한 점은 가격 그 자체보다도, 대금을 지급한 이후 실제로 실물 은을 인도받기까지 어떤 안전 장치가 마련되어 있는가입니다. 업체의 신뢰도와 거래 구조를 꼼꼼히 확인하는 과정이 필수적입니다.

예를 들어 골드나라에서 판매하는 한국조폐공사 실버바의 가격이 749만 원인 반면, 같은 시점의 국제 은 시세는 온스당 109.62달러로, 이를 원화로 환산하면 약 508만 7,284원 수준입니다. 단순 비교만으로도 약 240만 2,716원의 가격 차이가 발생합니다.

이 차액 가운데 실버바 가공비를 10만 2,716원으로 가정하더라도, 여전히 약 230만 원의 격차가 남습니다. 이는 국내 실물 은 가격이 국제 시세 대비 약 45% 이상 높게 형성되어 있음을 의미합니다.

은 가격 격차를 줄이는 현실적 전략

그럼에도 불구하고 발품을 팔다 보면 국제 시세와 크게 다르지 않은 가격에 실물 은을 구할 수 있는 경우가 존재합니다. 언제나 자금 사정이 급한 판매자는 존재하기 마련이기 때문입니다.

중요한 것은 충분한 여유 자금을 확보한 뒤, 조급함 없이 접근하는 태도입니다. 100그램 단위나 1킬로그램 단위로 매달 꾸준히 모아가는 방식이 가장 안정적입니다. 여유 없이 가격을 쫓아 추격 매수에 나섰다가 성공한 사례는 거의 보지 못했습니다.

PART 8

은의 패권_
은을 가진 자가
세상을
움직인다

세계 최고의
은 사랑 국가, 인도

인도는 세계 최대의 은 소비국입니다. 인도인들에게 은은 단순한 귀금속이 아닙니다. 종교적 성물이자 건강보조제, 생존을 위한 자산이라는 복합적이고 깊은 의미를 지니고 있습니다. 그들의 독보적인 '은 사랑'은 인도의 거대한 인구수만큼이나 은 시장에 강력한 영향을 미칩니다.

치장을 넘어선 신성함, 은 장신구

달의 신성과 평화를 상징하는 금속

힌두교 전통에서 은은 매우 신성하고 순수한 금속으로 여겨집니다. 그들은 은을 '달의 상징'이라 믿으며, 마음의 평화와 감정의 안정, 그리고 시원한 에너지를 주는 매개체로 생각합니다. 은을 몸에 지니면 정신이 맑아진다고 믿는 이유입니다.

그래서 인도의 가장 큰 축제인 '디왈리'나 성대한 결혼식 때, 지혜의 신 '가네샤'나 부의 여신 '락슈미'가 새겨진 은화를 선물하는 것은 인도인이 줄 수 있는 최고의 축복 중 하나입니다.

인도에서 가네샤와 락슈미가 새겨진 은화는 축복 그 자체입니다.
은은 신성함과 부, 평화를 함께 담는 금속으로 여겨집니다.

몸의 균형을 맞추는 땅의 에너지

인도 특유의 장신구 문화에서도 은의 위상은 독특합니다. 인도인들은 금을 태양과 신의 머리로 여겨 주로 상반신에 착용하는 반면, 은은 발찌나 발가락 반지처럼 주로 하반신에 착용하는 전통이 있습니다.

이는 단순히 위계의 문제가 아니라, 은이 가진 시원한 성질로 땅의 에너지를 중화하고 몸의 전체적인 균형을 맞추기 위한 철학적 목적이 담겨 있습니다. 이처럼 요람에서 무덤까지 인도인의 삶과 떼려야 뗄 수 없는 은은, 그들의 신념과 함께 전 세계 은 수요를 탄탄하게 지탱하고 있습니다.

'아유르베다'에서 은의 의미

인도의 전통 의학인 '아유르베다Ayurveda'는 은의 강력한 살균 효과와 냉각 효과에 주목합니다. 사계절 내내 무더운 기후 속에서 생활해야 하는 인도인들에게 은은 체온을 낮추고 혈액 순환을 돕는 '차가운 성질의 금속'으로 분류됩니다. 그들에게 은은 장식품이기 이전에, 건강을 지켜주는 일종의 보호막인 셈입니다.

인도에서는 아기가 태어나 처음으로 음식을 먹을 때 반드시 은수저를 사용하거나, 은 그릇에 우유를 담아 먹이는 관습이 있습니다. 면역력이 약한 아기를 유해 세균으로부터 보호하려는 지혜가 담긴 문화입니다.

인도 거리에서 흔히 볼 수 있는 전통 디저트 위에는 '바르크 Vark'라고 불리는 아주 얇은 은박이 입혀져 있습니다. 우리가 일식집에서 고급 초밥 위에 금박을 뿌려주는 것을 보듯, 인도인들은 디저트에 입힌 은박을 함께 먹습니다. 이는 단순히 시각적인 화려함을 위한 것이 아니라, 은의 항균 효과가 소화를 돕고 몸 안의 독소를 제거해 준다고 믿기 때문입니다. 이처럼 인도인에게 은은 눈으로 즐기는 보석이자, 몸 안팎을 돌보는 '약'이기도 합니다.

가장 대중적이고 확실한 '생존 자금'

인도에서도 금은 최고의 부를 상징하지만, 가격이 워낙 비싸 대다수 서민에게는 그림의 떡인 경우가 많습니다. 그래서 은은 인도 농촌 지역과 저소득층에게 금을 대신하는 가장 대중적인 실물 자산 역할을 합니다. 그들에게 은 장신구는 예쁜 장식품이기 이전에, 비상시에 언제든 현금화할 수 있는 '몸에 지니는 저축'과 같습니다.

결혼하는 신부가 받는 은 발찌파얄, Payal와 발가락 반지비치야, Bichiya는 필수 예물입니다. 이는 기혼 여성임을 나타내는 징표

인도에서 은 발찌와 발가락 반지는 장신구이자 저축입니다. 결혼한 여성이 착용하는
은 장신구는 기혼의 징표이자, 언제든 현금화할 수 있는 실물 자산을 의미합니다.

인 동시에, 신부의 경제적 독립과 안정을 위해 남편 가문에서
주는 '실물 자산 보증'이기도 합니다.

미래 산업을 향한 인도의 야심

과거에는 전통적인 장신구 수요가 주를 이뤘다면, 최근에는
인도 정부 차원의 움직임이 매섭습니다. 인도는 2024년에만
6,000톤 이상의 은을 수입했고, 2025년부터는 태양광 패널과

전기차 등 미래 산업 패권을 쥐기 위해 수입량을 폭발적으로 늘리고 있습니다.

인도의 연간 은 생산량은 고작 700~800톤 수준입니다. 부족한 수천 톤의 은을 매년 외국에서 사들여야 하는 인도의 상황은, 앞으로 국제 은 가격을 결정짓는 가장 강력한 변수가 될 것입니다.

그린에너지의 허브: 태양광과 전기차EV

나렌드라 모디 인도 총리의 강력한 탄소 중립 선언에 따라, 인도는 전 세계 태양광 패널 제조의 핵심 기지로 급부상했습니다. 태양광 전지판에는 전기를 전달하는 핵심 재료로 상당량의 은이 들어갑니다. 이에 따라 아다니, 릴라이언스 같은 인도의 거대 기업들은 안정적인 생산 라인을 가동하기 위해 원자재인 은을 막대한 규모로 비축하기 시작했습니다.

실버테크Silver Tech와 5G 인프라 확장

인도는 현재 5G를 넘어 차세대 통신망을 전국적으로 확대하는 데 사활을 걸었습니다. 모든 전자회로의 접점에는 전도성이 가장 뛰어난 은이 필수적으로 사용됩니다. 특히 인도의 폭발적인 스마트폰 보급률과 IT 기기 수요는 은의 산업적 소비를 강력하게 견인하는 엔진 역할을 하고 있습니다.

투자 패러다임의 전환: 디지털 실버의 등장

가장 주목해야 할 변화는 젊은 세대의 투자 방식입니다. 과거 어머니 세대가 은 발찌나 은화를 금고에 모았다면, 현재의 젊은 세대는 스마트폰 앱을 통해 0.1g 단위로 은을 사는 '디지털 실버' 투자를 일상적으로 즐깁니다. 실물 은을 보관해야 하는 번거로움은 덜고, 소액으로도 즉시 투자할 수 있는 시스템이 구축되면서 인도의 은 수요는 전 연령대를 아우르는 거대한 흐름이 되었습니다.

13만 톤의 은을 품은 거대한 블랙홀, 인도

이러한 복합적인 이유로 인도는 전 세계 은 소비의 20~25%를 빨아들이는 '은의 블랙홀'이라 불립니다. 인도 전체정부와 민간가 보유한 은의 총량은 약 12~13만 톤으로 추정되는데, 이 수치는 수십 년간의 공식 통계와 가구당 보유량을 정밀하게 추산한 결과입니다.

- 민간 보유량: 7~10만 톤 예상. 인도의 약 3억 가구 중 80% 이상이 은을 소유하고 있습니다. 한 가구당 평균 0.4킬로그램만 가지고 있다고 계산해도 약 9만 6,000톤이라는 엄청난 숫자가 나옵니다.
- 사원 비축량: 수백 년간 수십만 개의 힌두 사원 금고에 축적된 은까지 합치면 그 규모는 더욱 방대해집니다.

중요한 점은 인도인들은 문화적 특성상 은을 버리거나 폐기하지 않고 대물림하며 보관한다는 것입니다. 즉, 인도가 수입한 은은 시장으로 다시 나오지 않고 그대로 인도 대륙에 쌓여 있습니다.

인도의 은 담보 대출: '잠자던 자산'이 '흐르는 화폐'로

인도는 2026년 4월부터 중앙은행 승인하에 시중 은행에서 은을 담보로 대출해 주는 파격적인 정책을 시행합니다. 이 정책의 핵심은 지하자본을 양성화하고 농촌 경제를 활성화하는 데 있습니다. 이전에 금 가치의 75%까지 담보 대출을 해주던 시스템을 은으로까지 전격 확대한 것입니다.

은 담보 대출의 주요 내용은 다음과 같습니다.

- 대출 한도: 은 실물 가치의 60~75%
- 예상 이자율: 시중 은행 연 9~11%, 농업용 특례 대출 연 4~7%
- 디지털 시스템: '디지털 은 저장소'와 연동되어 스마트폰 앱으로 즉시 대출 실행

이 정책이 시행되면 인도인들의 장롱 속에 잠자던 은이 공식 금융권으로 쏟아져 나오게 됩니다. 이제 인도인들은 은을 팔지 않고도 필요한 현금을 즉시 확보할 수 있게 되는 것이죠. 이렇게 확보한 현금은 다시 소비나 은 매수로 이어져 거대한 경제 선순환을 만들어 낼 것입니다. 무엇보다 은이 공식적인 '금융 자산'이 됨에 따라, 은값이 급락할 경우 은행이 담보 가치 유지를 위해 보유량을 조절하는 등 국제 은 시세의 급락을 방어하는 든든한 버팀목 역할까지 하게 될 전망입니다.

'소 잃기 전'에 우리도 금·은을 모아야

인도의 사례는 우리에게도 시사하는 바가 큽니다. 현재 원화 가치 하락과 경제 위기에 대한 우려가 커지는 상황에서, 우리

정부도 국민이 보유한 금과 은을 은행에 맡기고 대출을 받을 수 있는 정책을 도입해야 합니다.

특히 자금의 출처를 묻지 않는 과감한 정책을 통해 지하실에 숨은 자본을 양성화한다면, 국가 자산의 건전성을 높이고 제2의 IMF 사태 같은 국가적 재난을 막는 강력한 방파제가 될 수 있습니다. 국가가 위기에 빠진 후 국민의 희생을 강요하는 '소 잃고 금 모으기'가 아니라, 국민이 자발적으로 금과 은을 모아 국가와 가계가 함께 부유해지는 '소 잃기 전 금 모으기' 정책이 절실합니다.

'은 공급망'을 장악한 거인, 중국

중국은 현재 전 세계 은 시장에서 가장 지배적인 존재입니다. 그 이유는 은을 가장 많이 쓰는 나라여서가 아니라, 은이 시장으로 흘러가는 길목을 통제하고 있기 때문입니다.

최근 중국 부동산 시장의 불안정이 장기화되면서, 중국인들 사이에서는 종이 화폐보다 손에 쥘 수 있는 실물 금과 은실버바, 판다 은화을 사재기하는 경향이 그 어느 때보다 강해졌습니다.

특히 미래가 불안한 젊은 층을 중심으로 폭발적인 '은 투자 열풍'이 불고 있습니다. 상하이 황금거래소SGE의 은 거래량은 연일 역대 최고치를 경신 중이며, 스마트폰 앱을 이용해 커

제가 보유한 중국의 판다 은화입니다. 중국 제품은 보증서가 있어도
전문 기관의 검사를 받는 것이 좋습니다.

피 한 잔 값으로 은을 모으는 것이 하나의 문화로 자리 잡았습
니다.

중산층의 피난처가 된 실물 자산

중국의 민간기업 및 개인 은 보유량은 약 7~9만 톤으로 추정됩
니다. 이 엄청난 물량의 배경에는 두 가지 거대한 흐름이 있습
니다.

첫째는 중산층의 자금 이동입니다. 부동산 시장의 침체로 갈

곳 잃은 자금들이 안전 자산인 실물 금과 은으로 빠르게 옮겨가고 있습니다. 인민폐의 가치 하락에 대비해 '진짜 돈'을 움켜쥐려는 절박함이 반영된 결과입니다.

둘째는 기업들의 전략적 비축입니다. 전 세계 태양광 패널의 80% 이상을 생산하는 중국 기업들은 공장을 멈추지 않기 위해 엄청난 양의 은을 '산업용 재고'로 쌓아두고 있습니다. 여기에 세계 최대 규모인 중국의 전기차 생산 기업들까지 가세하면서, 중국 내 은 재고는 산업 생태계를 지탱하는 거대한 저수지 역할을 하고 있습니다.

민간의 축적이 국가 전략으로 전환되다

중국 정부가 공식 발표하는 은 보유고는 대외적으로 매우 적거나 비공개인 경우가 많습니다. 하지만 전문가들은 인민은행중국 중앙은행과 국가비축국SRB이 수년 동안 시장에 드러나지 않게 은을 매집해 왔다고 분석합니다.

중국은 세계 최대의 은 생산국이자 정제국입니다. 중국 내 광산에서 캔 은과 정제된 물량 중 상당 부분이 국외로 수출되지 않고 국가 금고로 직행했다는 추정은 꽤 설득력이 있습니다. 공식 통계는 아니지만, '국내 생산량 수출 차단+전략 자원 비축

제도화+산업용 필수 재고'를 합산했을 때 나오는 '10만 톤 보유설'은 시장에서 신빙성 있게 받아들여집니다.

2026년 1월 1일부터 시행된 '은 수출 허가제'는 이를 뒷받침하는 결정적 증거입니다. 이제 중국에 은은 단순한 귀금속이 아닙니다. 미국과의 패권 전쟁에서 우위를 점하기 위한 에너지 및 첨단 기술 무기로 다뤄지고 있는 것입니다.

중국의 태양광 패권

중국이 은 수출 허가제라는 강력한 카드를 꺼내 든 배경에는 '태양광 산업'이라는 거대한 계산이 깔려 있습니다. 중국은 현재 전 세계 태양광 패널모듈 생산량의 80% 이상을 장악하고 있으며, 패널의 핵심 부품인 '셀Cell' 단계에서는 90%에 육박하는 압도적인 점유율을 자랑합니다.

태양광 셀에서 은은 전기를 모으고 전달하는 전극 역할을 하는 '은 페이스트Silver Paste'의 핵심 원료로 쓰입니다. 은 없이는 태양광 패널 자체가 구동될 수 없는 구조입니다. 중국이 자국 산업 보호를 위해 은 수출을 까다롭게 통제해도, 중국산 패널 없이는 에너지 전환이 불가능한 미국이나 유럽 입장에서는 강력하게 항의조차 할 수 없는 것이 냉혹한 현실입니다.

302

세계 태양광 패널 제조국 순위(생산 용량 기준)

순위	국가	특징
1	중국	규모의 경제와 정부 지원을 바탕으로 전 세계 시장 주도
2	베트남	중국 기업들의 국외 생산 기지 역할 및 미국 수출용 생산 확대
3	말레이시아	동남아시아의 주요 제조 허브 중 하나
4	인도	정부의 자국 생산 우대 정책(PLI)을 통해 급격히 성장 중
5	미국	인플레이션 감축법(IRA) 도입 이후 자국 내 생산 설비 대폭 확충 중

거대 공룡들의 전쟁터, 중국 전기차 시장

중국 전기차 시장은 그야말로 '적자생존'의 현장입니다. 2018년에 500여 개에 달했던 전기차 업체들은 정부 보조금 축소와 엄격해진 기술 기준을 거치며 현재 20~30개 내외의 유력 업체로 재편되었습니다. 특히 상위 10개 업체가 시장 점유율 90% 이상을 차지하며 독주 체제를 굳히고 있습니다.

하지만 역설적이게도 살아남은 이 거대 공룡들이 생산량을 폭발적으로 늘리면서, 전기차의 신경계와 두뇌 역할을 하는 '은'의 수요는 가장 가파르게 상승하고 있습니다.

글로벌 컨설팅사들은 2030년이 되면 재무적으로 생존 가능한 브랜드가 15개 내외로 줄어들 것이라 전망합니다.

중국 전기차 상위 10개 업체(2025년 실적 기반 2026년 전망)

순위	기업명	주요 특징 및 2026년 전략
1	비야디(BYD)	세계 1위 전기차 업체. 2026년 판매 목표 약 500만대 이상으로 추정되며 전 라인업의 자동화를 선도하고 있습니다.
2	상하이자동차 (SAIC)	상하이-폭스바겐, 상하이-GM 등 합작사와 자체 브랜드(MG, Roewe)를 통해 연간 450만대 이상의 판매를 목표로 합니다.
3	지리자동차 (Geely)	프리미엄 브랜드 지커와 가성비 브랜드 갤럭시의 성공으로 급성장 중입니다. 2026년 목표는 345만대입니다.
4	창안자동차 (Changan)	전통적인 자동차 강자에서 전기차로 성공적으로 전환했습니다. 2026년 목표 330만대 중, 신 에너지차 비중을 공격적으로 늘리고 있습니다.
5	테슬라 (Tesla)	중국 내 단일 모델(모델 Y) 판매량에서는 여전히 최상위권이나, 중국 로컬 업체들의 거센 추격을 받고 있습니다.
6	체리자동차 (Chery)	수출 강자에서 내수 전기차 시장으로 영향력 확대 중입니다. 2026년 320만대 판매 목표를 설정했습니다.
7	광치 아이온 (GAC Aion)	택시 및 카레일링 시장의 압도적 점유율을 바탕으로 민간 전기차 시장에서도 입지를 굳히고 있습니다.
8	리 오토 (Li Auto)	주행거리 연장형 전기차(EREV) 시장의 강자입니다. 2026년에는 연간 100만대라는 파격적인 목표를 내걸었습니다.
9	샤오미 (Xiaomi)	자동차 출시 2년 만에 10위권에 진입했습니다. 2026년에는 SUV 모델 YU7 등을 포함하여 55만대 판매를 목표로 합니다.
10	립모터 (Leapmotor)	최근 가성비 모델로 급부상 하며 2026년 100만 대 판매 목표를 선언했습니다. 가장 공격적인 성장세를 보이는 스타트업입니다.

BYD부터 샤오미에 이르기까지, 이 모든 업체가 은을 간절히

원하는 이유는 명확합니다. 전기차의 핵심인 배터리 관리 시스템BMS, 인버터, 충전 제어기 등의 회로 연결에 전도성이 가장 뛰어난 은이 필수적이기 때문입니다. 은은 부식에 강하고 물리적 충격에도 변형이 적어 극한의 주행 환경에서도 안정적인 연결을 보장합니다.

특히 자율주행 기술이 고도화될수록 레이더, 라이다LiDAR, 각종 센서 회로에 들어가는 은의 양은 기하급수적으로 늘어납니다. 자동차 한 대당 은 사용량을 비교해 보면 그 차이가 확연히 드러납니다.

- 내연기관 자동차HCE: 약 15~28그램 사용
- 하이브리드 자동차HEV: 약 18~34그램 사용
- 순수 전기차BEV: 약 25~50그램 사용

중국의 전기차 생산량이 매년 수백만 대씩 늘어날수록, 전 세계 은 재고는 중국의 전기차 공장 안으로 빠르게 빨려 들어갈 것입니다.

이처럼 전기차 전쟁만으로도 은이 모자랄 판인데, 중국의 은 굶주림은 여기서 끝나지 않습니다. 미국이 그토록 막으려 했던 중국 반도체 산업이 오히려 더 빠르게 성장하면서, 은에 대한 갈증은 더욱 심해지고 있습니다.

미국의 규제를 뚫고 일어서는 중국 반도체와 '은'

중국 반도체 산업은 미국의 강력한 규제 속에서도 범용레거시 반도체 시장을 중심으로 무서운 속도로 자생력을 키우고 있습니다. 자동차와 가전 등에 쓰이는 28나노미터급 공정에서 중국의 2026년 매출은 2,300억 달러에 달할 것으로 예상되며, 반도체 자급률 또한 23%대를 돌파하며 빠르게 상승 중입니다.

중국 정부는 '빅펀드 3기약 71조 원'를 투입해 장비 국산화율을 35% 이상으로 끌어올렸습니다. SMIC파운드리◆, CXMTD램, YMTC낸드 플래시 같은 거대 기업들은 정부의 전폭적인 보조금을 등에 업고 글로벌 범용 반도체 시장의 점유율을 집어삼키고 있습니다.

반도체 미세화와 고성능 패키징이 진행될수록 은의 중요성은 더욱 커집니다.

◆ Foundry: 반도체 전문 위탁 생산 공장을 말합니다. 참고로 팹리스(Fabless)는 공장 없이 설계만 하는 회사이고(예: 애플, 엔비디아), IDM(종합 반도체 기업)은 설계와 생산 능력을 모두 갖춘 기업입니다(예: 삼성전자, sk하이닉스).

- 전도성 접착제: 반도체 칩을 기판에 고정할 때 전도성이 뛰어난 은 분말 접착제가 필수적으로 사용됩니다.
- 본딩 와이어: 칩과 기판을 연결하는 미세한 선Wire에 은 합금이 사용되어 안정적인 신호 전달을 보장합니다.

글로벌 배터리 시장의 맹주, 중국 기업 현황

중국은 전기차의 심장인 배터리 시장에서도 압도적인 생태계를 구축했습니다. CATL과 BYD라는 두 거인을 필두로 한 중국 배터리 군단은 글로벌 표준을 주도하고 있습니다.

중국 내 배터리 시장 점유율 및 전망

순위	기업명	2025 점유율	주요 강점 및 2026 전망
1	닝더스타이 (CATL)	43.4%	글로벌 1위. 나트륨 이온 배터리를 상용화했고, 4C 초고속 충전(Shenxing)이 가능합니다.
2	비야디 (BYD)	21.6%	블레이드 배터리(LFP) 최적화 및 수직 계열화로 가격 경쟁력이 압도적입니다.
3	중창신항 (CALB)	7.0%	국외 시장 및 ESS 비중을 확대 중입니다.

4	궈쉬안 (Gotion)	5.7%	폭스바겐의 지분 투자를 받았으며, 현재 LMFP(망간철) 및 반고체 배터리 개발에 집중하고 있습니다.
5	이웨이 에너지 (EVE Energy)	4.1%	대형 원통형 배터리(4680 등) 및 ESS 분야에서 급성장 중입니다.
6	신왕다 (Sunwoda)	3.2%	하이테크 소비자 가전 배터리 기반, 고성능 파워 배터리로 확장하고 있습니다.
7	펑차오에너지 (SVOLT)	2.7%	코발트 프리 배터리, PHEV 특화 모델로 차별화를 꾀하고 있습니다.
8	루이푸란쥔 (REPT)	2.5%	LFP 및 ESS용 대형 셀 출하량 폭증으로 성장률이 100%를 상회합니다.
9	루이팅신녕위안 (Zenergy)	2.0%	고출력 성능 배터리, 특정 세부 모델(PHEV) 점유율이 상승 중입니다.
10	파라시스 (Farasis)	1.5%	파우치형 배터리 전문으로 메르세데스-벤츠의 전략적 파트너입니다.

현재 일반 리튬 이온 배터리 전기차 1대에는 약 25~50그램의 은이 사용됩니다. 하지만 차세대 꿈의 배터리로 불리는 전고체 배터리은-탄소 복합층 방식가 상용화되면, 전기차 1대당 무려 1킬로그램의 은이 투입되리라 예상됩니다. 이는 기존 대비 최소 20~40배가 넘

는 수치로, 은 수요의 빅뱅을 예고하는 지표입니다.

기술이 발전할수록 더 간절해지는 은

산업계에서는 은 사용량을 줄이려는 노력을 끊임없이 해왔습니다. 하지만 역설적이게도 기술이 진보할수록 은의 필요성은 더 커지고 있습니다. 최근 태양광 시장의 대세가 된 차세대 'N형 셀'들이 그 증거입니다.

- TOPCon Tunnel Oxide Passivated Contact 방식: 태양전지 표면에 아주 얇은 터널 산화막 Tunnel Oxide과 도핑된 다결정 실리콘 Poly-Silicon 층을 형성하는 기술입니다. 기존 방식보다 효율이 25% 이상 높지만, 제조 과정에서 더 많은 은을 필요로 합니다. 현재 시장에서 가장 빠르게 세대교체가 이루어지고 있는 기술입니다.
- HJT 방식: 샌드위치 방식으로 결정질 실리콘 c-Si 앞뒤로 아주 얇은 비정질 실리콘 a-Si 막을 입힌 프리미엄 제품으로, 효율은 극대화되지만 그만큼 은 사용량도 늘어납니다.

결국 사용량을 줄이려는 '기술적 노력'보다 효율을 높이기 위해 은을 더 많이 써야 하는 '산업적 요구'가 더 빠르게 증가하고 있습니다. 이것이 바로 중국 기업들이 은을 무섭게 사재기하고, 중국 정부가 은의 국외 유출을 법으로 막아선 실질적인 이유입니다.

중국 현장에서 겪은 '은의 일상화'

중국에서 15년을 생활하며 북경의 판자위안이나 천진의 노천 골동품 시장을 누비던 시절이 떠오릅니다. 점심을 굶어가며 사 모았던 은화들이 나중에 가짜로 판명 났던 쓰디쓴 경험도 있었지만, 그만큼 중국 시장에 은이 얼마나 흔하고 깊숙이 침투해 있는지 알 수 있는 계기였습니다.

중국 정부공산당는 20여 년 전부터 은행을 통해 은바와 금바 판매를 장려하며 국민의 재산 형성을 유도해 왔습니다. 신혼부부에게 다이아몬드 대신 황금이나 은 장신구를 권장하고, 은행 우수 고객에게 은바를 증정하거나 내벽이 은으로 된 보온병을 선물하는 문화는 중국에서 아주 자연스러운 일입니다. 중국인들에게 은은 단순한 투자 대상이 아니라, 삶을 지탱하는 가장 익숙하고 믿음직한 자산입니다.

소설 『수호지』의 등장인물 108명과 저자 시내암 인물 카드를 은으로 만든 작품입니다.
은 무게는 총 80그램이 되지 않는데 나무 상자와 책 무게까지 합쳐 보증서에 2522그램
이라고 적혀 있습니다. 뜯지 못하게 포장된 것은 신중히 구매해야 합니다.

왜 하필 은인가?

지금까지 중국이 어떻게 은을 확보하고 통제해 왔는지 살

퍼보았습니다. 그러나 정책과 지정학적 계산만으로는 설명되지 않는 질문이 남습니다. 왜 하필 '은'일까요? 왜 성격이 전혀 다른 첨단 산업들이 모두 같은 금속을 갈망하는 것일까요.

그 답은 제도나 계산 이전에 은이라는 물질 자체의 성질에서 찾아야 합니다. 은은 단순히 희소한 금속이 아니라, 자연이 허용한 물리·화학적 특성이 극단적으로 특정 방향에 최적화된 금속입니다. 은이 왜 산업의 최전선에서 반복적으로 호출되는지, 그 답은 은이 탄생한 순간 이미 결정되어 있었습니다.

다음 챕터에서는 은이 어떻게 우주적 사건 속에서 만들어졌으며, 어떤 성질을 통해 인류 문명의 핵심 자원이 되었는지를 살펴봅니다.

지구에서 만들 수 없는 금속, 은

은Ag은 지구의 일반적인 핵융합으로는 만들어질 수 없는 귀한 원소입니다. 은이 탄생하기 위해서는 상상을 초월하는 에너지와 중성자 밀도가 필요합니다. 태양 질량의 8배 이상인 거대한 별이 수명을 다하고 폭발하는 '초신성 폭발' 같은 우주적 사건 속에서만 가능합니다.

조금 더 자세히 들여다보면, 초신성 폭발 시 별의 중심핵이 붕괴하며 수많은 중성자가 쏟아져 나옵니다. 이 중성자들이 주변 원자핵에 순식간에 흡수되며 질량이 커지고, 안정 상태를 찾기 위해 양성자로 변환되는 과정을 r-과정Rapid Neutron-Capture

Process이라고 합니다. 이 찰나의 순간에 비로소 금원자번호 79, 백금원자번호 78, 우라늄원자번호 92과 함께 은원자번호 47이 생성됩니다. 은은 그 자체로 초신성이 남긴 '우주의 파편'인 셈입니다.

지구상 최고의 열·전기 전도율

은은 현존하는 금속 중 최고의 전기 전도율을 자랑합니다. 전도율 수치만 놓고 보면 구리와의 차이는 약 6%에 불과합니다. 그럼에도 불구하고 구리보다 훨씬 비싼 은이 선택되는 이유는 단순한 '수치'가 아니라, 실제 사용 환경에서의 안정성과 내구성에 있습니다.

대부분의 금속은 실험실에서 측정한 이론적 전도율과, 실제 산업 현장에서의 전도 성능 사이에 큰 차이를 보입니다. 온도 변화, 진동, 습기, 방사선, 장시간 사용과 같은 현실적인 조건이 겹치면 전도 성능은 빠르게 저하됩니다. 구리는 산화가 진행되면 전도율이 급격히 떨어져 사실상 절연체에 가까운 성질을 띠게 됩니다. 반면 은은 표면이 산화되더라도 전도 성능에 거의 영향을 받지 않아, 극한 환경에서도 안정적인 전류 흐름을 유지합니다.

또 하나의 중요한 차이는 접촉 저항Contact Resistance입니다. 전류는 도체 내부보다 오히려 스위치, 접점, 커넥터처럼 '연결되는 지점'에서 더 큰 저항을 받습니다. 은은 이 접촉면에서 저항 증가가 가장 느린 금속으로, 반복적인 개폐와 진동, 미세한 마모가 발생하는 환경에서도 전도 특성이 안정적으로 유지됩니다. 이 때문에 고신뢰성을 요구하는 릴레이, 스위치, 고전압 커넥터, 군사용 전자 장비의 접점에는 은이 표준처럼 사용됩니다.

결국 은의 가치는 원재료 가격이 아니라 실패 비용의 관점에서 판단됩니다. 위성 통신이 끊기거나, 유도 미사일의 신호가 지연되거나, 군사용 드론이 오작동하는 상황에서 절감한 금속 비용은 아무 의미가 없습니다. 이러한 분야에서 은 사용 여부는 비용 문제가 아니라 신뢰성의 문제입니다. 한 번의 실패가 치명적인 결과로 이어지는 산업일수록, 가장 잘 흐르는 금속이 아니라 가장 믿을 수 있게 흐르는 금속이 선택됩니다.

빛과 열을 모두 되돌려 보내는 금속

은은 지구상에 존재하는 금속 가운데 가시광선을 가장 많이 반사하는 물질입니다. 그 반사율은 95~99%에 이르며, 이는 우리가 일상적으로 사용하는 어떤 금속보다도 월등한 수준입니다. 우리가 사물을 가장 실제에 가깝고 밝게 볼 수 있도록 만들어 주는 거울의 뒷면에는 예외 없이 은 코팅이 적용됩니다. 이는 단순한 관행이 아니라, 은만이 구현할 수 있는 물리적 특성에 기반한 선택입니다.

은의 반사 특성이 특별한 이유는 단순히 반사율이 높기 때문만은 아닙니다. 은은 특정 색상의 빛만을 선택적으로 반사하지 않고, 가시광선 전 영역의 파장을 균일하게 반사합니다. 구리가 붉은빛을, 금이 노란빛을 띠는 것은 특정 파장의 빛을 더 많이 반사하기 때문이지만, 은은 이러한 편향이 거의 없습니다. 그 결과 왜곡 없는 색 재현이 가능해지며, 이는 전문 사진 스튜디오, 의료 영상 장비, 정밀 광학 기기와 천문 관측용 망원경에서 은이 필수적으로 사용되는 이유입니다. 멀리 있는 별빛을 손실 없이 모아야 하는 환경에서 은은 가장 신뢰할 수 있는 반사 재료입니다.

은의 강점은 가시광선에만 국한되지 않습니다. 은은 열 에너지, 즉 적외선에 대한 반사율 또한 매우 높은 금속입니다. 이 특성 덕분에 건축용 유리에 얇은 은막을 코팅하면 실내의 열이 외부로 빠져나가는 것을 막고, 외부의 강한 태양열은 차단할 수

거울에서 의료 영상, 천문 관측까지.
정확함이 필요한 곳에는 언제나 은이 사용됩니다.

있습니다. 같은 원리로 은 코팅 유리는 냉난방 에너지 효율을 크게 개선하며, 고층 빌딩과 첨단 산업 시설에서 핵심적인 에너지 절감 기술로 활용됩니다.

　이러한 '빛과 열을 동시에 되돌려 보내는 능력'은 우주 항공 분야에서 더욱 극적인 의미를 가집니다. 인공위성과 우주선은 대기권 밖에서 강력한 태양 복사 에너지와 우주 방사선에 직접 노출됩니다. 이때 내부 장비를 보호하는 가장 합리적인 방법은, 에너지를 흡수하는 것이 아니라 반사하여 되돌려 보내는 것입니다. 은은 이 조건을 가장 효율적으로 만족시키는 금속으로,

우주선 외장과 각종 보호막에 폭넓게 사용되고 있습니다.

흔히 보고되는 UFO 목격담에서 '은색'이라는 표현이 반복되는 현상 역시, 강력한 복사 에너지를 반사하는 표면 특성이라는 관점에서 해석할 수 있습니다. 은빛 표면은 빛과 열을 흡수하지 않고 튕겨내는 가장 직관적인 물리적 결과이기 때문입니다. 이는 상상이나 신비의 영역이 아니라, 은이라는 금속이 지닌 반사 특성이 만들어 내는 자연스러운 귀결입니다.

은은 단순히 잘 반짝이는 금속이 아닙니다. 은은 빛과 열이라는 복사 에너지를 가장 효율적으로 통제하는 물질이며, 이 특성 덕분에 정밀 광학, 에너지 절감, 우주 항공 산업까지 현대 기술의 핵심 영역에서 대체 불가능한 위치를 차지하고 있습니다.

은의 정밀 살균 시스템

은이 단순히 깨끗한 금속이어서 세균을 억제하는 것이 아닙니다. 은의 살균력은 감각적인 이미지가 아니라, 명확한 화학적 메커니즘에 기반한 결과입니다. 핵심은 은 이온Ag+이 미생물의 생존 시스템을 단계적으로 무력화한다는 점입니다.

- 세포막 파괴: 대부분의 미생물 표면은 음-전하를 띠고 있는데, 양+전하를 가진 은 이온은 이 표면에 강하게 결합합니다. 이 과정에서 세포막의 단백질 구조가 변형되거나 미세한 구멍이 생기며, 미생물 내부의 영양분과 세포액이 외부로 유출되어 생존 기반이 붕괴됩니다.
- 신진대사 차단: 세포 내부로 침투한 은 이온은 미생물이 에너지를 생성하는 데 필요한 핵심 효소들과 결합하여 그 기능을 마비시킵니다. 그 결과 산소 대사 과정이 중단되고, 미생물은 정상적인 호흡을 하지 못한 채 급격히 약화됩니다.
- 복제 차단: 은 이온은 미생물의 DNA와 RNA에 결합하여 유전 구조를 응고시키고, 이로 인해 세포 분열과 자기 복제가 불가능해집니다. 이는 단순히 개체를 사멸시키는 수준을 넘어, 번식 자체를 원천적으로 차단하는 작용입니다.

이러한 3단계 살균 메커니즘의 중요한 특징은, 특정 경로나 효소 하나만을 공격하지 않는다는 점입니다. 항생제가 단일 표적을 중심으로 작용하는 반면 은 이온은 세포 구조, 대사 시스템, 유전 정보까지 동시에 교란합니다. 이 때문에 미생물이 특정 돌연변이를 통해 은에 적응하거나 내성을 형성하기가 극히 어렵습니다.

실제로 은은 수백 종에 이르는 세균과 바이러스에 대해 광범위한 살균 효과를 보이며, 이 특성 덕분에 의료 기기, 상처 치료용 드레싱, 정수 시스템, 공기 정화 장치, 밀폐 환경을 유지해야 하는 항공·우주 산업까지 폭넓게 활용되고 있습니다. 은의 살균력은 일시적인 유행이 아니라, 현대 기술이 요구하는 위생·안전 기준을 충족시키는 구조적 해답에 가깝습니다.

예술이 된 은, 스털링 실버

지금까지 살펴본 은의 전도성, 반사 특성, 살균 능력은 모두 산업과 기술의 언어로 설명되는 물성입니다. 그러나 은은 여기서 멈추지 않습니다. 이 금속은 인류의 기술 발전과는 별개로, 인간의 감각과 미적 기준 속에서도 독보적인 자리를 차지해 왔습니다. 은이 산업 소재인 동시에 보석이자 예술이 될 수 있었던 이유도 결국 그 물성에 있습니다.

순은99.9%은 매우 뛰어난 물성을 지녔지만 지나치게 무릅니다. 마치 최고급 버터처럼 부드러워서 조금만 힘을 줘도 쉽게 변형됩니다. 이를 보완하기 위해 구리를 섞어 강도를 높인 합금이 바로 스털링 실버Sterling Silver입니다. 은 92.5%에 구리

7.5%를 더한 이 조합은 내구성과 가공성을 동시에 확보하면서, 은 특유의 광택과 색감을 유지하는 최적의 비율로 자리 잡았습니다. 1851년 미국의 보석 명가 티파니가 이 비율을 공식 표준으로 정한 이후, 스털링 실버는 은을 단순한 귀금속이 아니라 '우아한 보석'의 반열로 끌어올렸습니다.

1970년대 티파니의 디자이너 엘사 퍼레티는 "은은 낮에만 착용하는 금속"이라는 오랜 편견을 깨뜨렸습니다. 은이 이브닝드레스와 함께 착용될 수 있는 보석임을 증명하며, 은의 미적 가능성을 근본적으로 확장한 것입니다. 이 흐름은 지금까지 이어지고 있습니다. 미국 NFL의 슈퍼볼 우승 트로피인 '빈스 롬바르디 트로피'는 지금도 순은으로 수작업 제작됩니다. 최고 수준의 경쟁과 명예를 상징하는 트로피에 은이 선택된 것은, 이 금속이 지닌 상징성과 완성도를 잘 보여주는 사례입니다.

산업 기술이 고도화되며 은의 산업 수요는 계속 증가하고 있지만, 그렇다고 해서 은이 인간의 심미적 영역에서 밀려날 가능성은 크지 않습니다. 오히려 은이 희귀해질수록, 인간의 은에 대한 집착과 욕망은 더욱 강화되어 왔습니다. 실제로 은으로 주조된 은화나 예술품이 산업용으로 녹여져 사용되기 위해서는, 은 가격이 현재보다 최소 2~3배 이상 상승해야 경제성이 맞는다는 평가도 존재합니다.

사람들은 은을 장신구에서 트로피에 이르기까지, 세대를 넘어
가치를 담는 그릇으로 선택해 왔습니다.

이 지점에서 은은 단순한 금속을 넘어섭니다. 은은 기술과 산
업, 위생과 안전, 그리고 인간의 미적 감각까지 동시에 관통하
는 드문 물질입니다. 이것이 바로 은이 수천 년 동안 인류 문명
에서 단 한 번도 대체되지 않은 이유입니다.

마치며

10년을 견딜 수 없다면
10분도 소유하지 마라

성경을 읽다 보면 대부분의 구절에서 '은과 금'이라는 표현이 사용되고, 우상의 허망함이나 보물에 대한 탐욕을 강조할 때에만 '금과 은'이라는 순서가 등장하는 것을 볼 수 있습니다. "아브람에게 가축과 은과 금이 풍부하였더라"창세기 13:2라고 기록되어 있지만, 화려함이나 탐욕을 강조할 때에는 다음과 같은 표현들이 사용됩니다.

"그들의 우상들은 금과 은이요 사람의 손으로 만든 것이라"
시편 115:4
"또 금과 은과 보석과 보물을 가지고 그가 알지 못하던 신을 공경할 것이며"다니엘 11:38
"너희 금과 은은 녹이 슬었으니 이 녹이 너희에게 증거가 되며 불같이 너희 살을 먹으리라. 너희가 말세에 재물을 쌓았도다."야고보서 5:3

이처럼 구약과 신약의 성경 구절에서 '금과 은'의 순서로 등장하는 경우는, 사람들이 화려함과 탐욕을 좇아 재물을 쌓더라도, 결국 인간은 썩어 사라질 수밖에 없음을 이야기합니다.

반면 다음과 같은 구절에서는 다시 '은과 금'의 순서가 사용됩니다.

"베드로가 이르되 은과 금은 내게 없거니와 내게 있는 이것을 네게 주노니 나사렛 예수 그리스도의 이름으로 일어나 걸으라 하고" 사도행전 3:6

"너희가 알거니와 너희 조상이 물려준 헛된 행실에서 대속함을 받은 것은 은이나 금같이 없어질 것으로 된 것이 아니요." 베드로전서 1:18

정확한 집계는 아니지만, 성경 전체 구약성경과 신약성경를 통틀어 '은과 금'이라는 표현은 80회 이상 사용되었고, '금과 은'이라는 표현은 화려함과 탐욕, 우상 숭배를 언급할 때 약 20회가량 사용되었습니다.

이러한 차이는 역사적 배경과도 관련이 있습니다. 구약 시대에 은세겔은 실제 시장에서 사용되던 화폐였고, 금은 매우 귀한 보물이어서 주로 왕실에서만 사용되었습니다. 따라서 일반 대중에게는 '은과 금'이라는 표현이 훨씬 자연스러웠습니다. 또한 구약 성경의 원어인 히브리어에서는 재산을 말할 때 은－금 순서로 표현하는 것이 관습이었으며, 고대 이집트 인근 지역에서는 초기 은 정련 기술이 부족해 은이 금보다 귀했던 시절도 있었기 때문에, 당시의 언어 습관이 성경 기록에 남아 계속 이어졌다는 견해도 존재합니다.

제가 굳이 특정 종교의 경전 속에서 은과 금을 끄집어내는 이유는, 인류 역사를 통틀어 은과 금이 보화로 사용되어 왔다는 사실을 상기시키고 싶기 때문입니다. 금은보화 대신 사용되는 '돈'이라는 마물을 어떻게 사용하느냐에 따라 우리는 천사가 될 수도 있고 악마가 될 수도 있는 시대에 살고 있습니다. 인도의 거지는 동냥을 받아도 고맙다고 하지 않는다고 합니다. 자신 덕분에 동냥을 한 사람은 하늘에 선덕을 쌓아 천국에 가게 되므로, 고맙다고 말할 이유가 없다는 것입니다.

우리가 만들어야 할 사회

이번 2026년 다보스 포럼에서 지구촌 문제로 세 번째에 꼽힌 것이 사회 불평등이었습니다. 『은 투자 사용설명서』를 읽으면서 느꼈겠지만, 지금 전 세계의 자본주의 체제에서는 자본가들

　　　　　　　　　　　　　　　　　마치며

의 부는 갈수록 쌓이는 반면, 직장인들은 갈수록 부채만 늘어나는 구조에 놓여 있습니다. 노블레스 오블리주Noblesse Oblige, 즉 '가진 자는 의무를 갖는다'라는 허울 좋은 말이 아니라, 사회가 평안하고 도둑이나 강도가 없는 사회가 되기 위해서는 자본가들이 가족과 친척만 챙기는 전근대적 사고방식에서 벗어나야 합니다. 위로는 북한 동포들을 시작으로, 아래로는 끼니를 거르는 어르신들까지 챙길 수 있는 자본가가 되어야 할 것입니다.

제가 초등학교 시절만 해도 한국에는 무전여행이 유행했습니다. 그렇게 못살던 나라, 후진국 중의 후진국이던 시절에도 어린 꼬마가 집에 찾아와 배가 고프다고 하면 식은 밥이라도 퍼주던 대한민국의 인심이 있었습니다. 그러나 지금은 옆집에 누가 사는지도 모르는 아파트에서 자진하여 구금 생활을 하듯 살아가고, 시외로 조금만 나가도 치안이 불안해 ADT 같은 보안업체 간판을 붙여야 안심이 되는 시대를 살고 있습니다. 문재인 정부 시절 한국이 정식으로 선진국에 진입했다고 자축했지만, 우리들의 GDP가 선진국이면 무엇하겠습니까.

대한민국 국민 한 사람 한 사람이 소외되지 않고, 열심히 일하면 정당한 대가를 받을 수 있는 사회, 안전사고 등에 미리 대비가 되어 있는 사회, 적어도 안전사고 예방 대책이 해마다 나아지는 사회, 초등학교·중학교·고등학교까지 학교생활이 즐거운 사회, 학교 폭력과 성희롱이 발도 붙이지 못하는 사회, 성적만으로 학생을 평가하지 않는 사회, 사기꾼과 노름꾼은 교도소에서 콩밥만 먹고 칼잠을 잘 만큼 비좁게 만들어 다시는 교도소에 가고 싶지 않게 만드는 사회, 외국인 노동자가 폭력을 사용할 경우에는 가중 처벌하여 사기꾼과 같은 대우를 함으로써 절대 폭력을 사용해서는 안 된다는 원칙이 분명한 사회, 이러한 사회가 바로 선진국입니다.

한국의 공정과 평등 정신은 외국인 노동자에게도 동일한 최저 임금을 적용함으로써, 한국이 동남아 등 외국인 노동자들에게 코리안 드림의 대상이 되었다고 합니다. 우리와 경쟁하는 홍콩과 싱가포르는 외국인 노동자들에게 자국 수입보다 적절히 높은 임금을 지급함으로써 국가 경쟁력을 높이고 있습니다.

한국은 성리학자의 후손들답게 외국인 역시 공정하고 평등한 대우를 받을 권리가 있다는 생각을 가지고 있습니다. 저는 이 점에 동의합니다. 다만 과거 중국 조선족들의 슬픈 기억이 떠오릅니다. 많은 비용을 들여 한국에 왔지만 자본주의의 혹독한 노동 환경에 적응하지 못하고, 빚 때문에 고향으로 돌아가지도 못한 채 그 빚을 갚기 위해 범죄 조직에 가담한 중국 교포들이 한두 명이 아니었습니다.

모든 불합리한 정책에는 반드시 그 정책으로 이익을 얻는 수

혜자가 생기고, 그 반대편에는 피해자가 양산되기 마련입니다. 자본주의 시대에는 부채를 최대한 사용하지 않고 자본을 모아야 한다고 말씀드렸습니다. 동남아 노동자들은 이 원리를 정확히 이해하고 있는 사람들입니다. 이국만리에서 코리안 드림을 이루기 위해 찾아온 외국인 노동자들을 우리는 따뜻하게 품고 보호해야 합니다. 동시에 그들이 폭력 조직의 구성원이 되어 사회를 혼란에 빠뜨리지 않도록 제도적 개선이 반드시 필요합니다.

험한 일을 기피하는 사회

100년 전 절강성의 중국인들은 '상하이上海'를 외쳤습니다. 이는 중국 광동성에 있는 도시 상하이를 뜻하는 것이 아니라, '바다로 나가자上海', 즉 외국으로 나가 돈을 벌어 오자는 의미였습니다. 그런 점에서 외국인 노동자는 단순히 존중의 대상이 아니라, 존경받아야 마땅한 존재라고 생각합니다. 그럼에도 불구하고 현재 대한민국 청년들 사이에서 험한 일, 이른바 3D 업종을 기피하는 현상은 안타까움을 자아냅니다.

김대중 정부 시절 많은 전문대학이 종합대학으로 승격되었고, 사회 전반에 학력 상향화 분위기가 확산되었습니다. 그 결과 현재 일반계 고등학생만 놓고 보면 대학 진학률은 80% 이상이며, 일반고·특목고·특성화고를 모두 포함해도 대학 진학률은 72~73%를 넘고 있습니다. 1990년대 초 대학 진학률이 30~40% 수준이었던 것과 비교하면 큰 변화입니다. 이후 2008년에는 77.8%로 정점을 찍었고, 학벌 중시 문화와 대학 설립 자유화의 영향 아래 2010년대에는 60~70% 수준으로 다소 하락했다가, 2020년대에 들어 다시 70% 이상을 기록하고 있습니다.

최근 한양대학교가 3,000억 원에 매물로 나왔다는 소문이 돌았습니다. 학교 측에서는 사실무근이라고 발표했지만, 이 소문 자체가 현재 한국의 대학 운영이 얼마나 어려운지를 보여주는 단면이라고 할 수 있습니다. 졸업을 해도 취업이 쉽지 않고, 대학 졸업장이 더 이상 인생의 보증수표가 되지 못하는 현실이 계속되고 있습니다.

대한민국 사회에 깊게 뿌리내린 학벌 중심 문화는 오랜 시간 누구도 해결하지 못했지만, 아이러니하게도 지금은 인공지능과 유튜브가 그 구조를 흔들고 있습니다.

미래는 빠르게 오지만 은은 천천히 보아야 한다

2026년 다보스 포럼에서 머스크와 래리 핑크블랙록 CEO가 대담을 나누는 장면이 인상적이었습니다. 그 대담에서 올해 말이면 무인 자동차가 대중화되고, 내년 말쯤에는 가사도우미 로봇이 시판되며, 테슬라와 스페이스X 팀이 태양광 전기 100만 GW를 3년을 목표로 구축하고 있다고 밝혔습니다.

세상은 무서울 정도로 빠르게 변화하고 있습니다. 중국은 이미 태양광 전기 1,000만 GW를 구축했으며, 이를 수율 25%로 계산하면 실제 전기 수요의 약 250만 GW를 태양광 에너지로 충당하고 있다고 합니다. 참고로 미국 전체의 연간 전기 소비량은 약 500만 GW 수준입니다. 에너지, 로봇, AI 자동차 산업은 이미 우리 눈앞까지 와 있습니다.

이 세 가지 미래 산업 모두에서 없어서는 안 될 핵심 광물이 바로 '은'입니다. 이에 따라 은 가격이 1트로이온스당 5년 이내에 300달러, 10년 이내에 1,000달러에 도달할 것이라는 전망도 나오고 있습니다. 이 가격대에 도달할 가능성은 여러 사건과 역사적 흐름을 통해 추리해 볼 수 있지만, 그 시점에 대해서는 솔직히 자신할 수 없습니다. 빠를 수도 있고, 늦을 수도 있습니다.

그래서 은 투자는 반드시 여유 자금으로 해야 합니다. 단기 자금으로 투자하면, 자금이 급해지는 순간 반드시 낮은 가격에 투매해야 하는 상황이 발생합니다. 또한 분할 매수와 정기 매수가 필요한 이유는, 가격이 오른다는 전망만 믿고 한 번에 매수했다가 은값이 큰 조정을 받아 폭락할 경우, 투자가 재미있지 않을 뿐 아니라 심리적으로도 매우 괴롭기 때문입니다.

은에 투자했다면 담담하고 느긋하게 시간을 두고 지켜보는 자세가 필요합니다. 동시에 변동성이 큰 은의 특성을 고려해, 폭락 상황에 대비한 원칙도 세워야 합니다. 주식 투자처럼 손절매 구간을 -20% 또는 -30% 등으로 미리 정해두고, 해당 구간에 진입하면 무조건 매도한다는 투자 철학 역시 필요합니다.

우리는 미래를 정확히 알 수 없습니다. 다만 여러 사건과 정보를 바탕으로 추측과 추리를 거처 투자 방향을 설정할 수는 있습니다. 그 과정을 즐기고, 방향이 맞으면 기뻐하고, 틀리더라도 기다리는 시간을 감당할 수 있는 부담 없는 투자가 제가 그동안 배운 지혜입니다. 다른 투자도 마찬가지지만, 특히 은 투자는 긴 시간과 긴 호흡으로 다루지 못한다면, 차라리 투자하지 않는 것보다 못한 결과를 낳을 수 있습니다.

마치며

조급함을 버린 사람만이 얻을 수 있다

저는 오지랖이 넓어서 모임만 가면 은 이야기를 하고, 은 투자의 적기라고 2020년부터 최근까지 계속 말해왔습니다. 어느 날 한 분이 제 말이 그럴듯했는지 실버 코인을 몇 박스나 현물로 사서 집에 보관했는데, 2년이 지나도 가격이 그대로라 눈에 걸리적거리고 청소할 때마다 신경이 쓰였으며, 집을 비울 때도 부담이 되어 결국 금거래소에 가서 금으로 바꾸었다는 이야기를 들은 적이 있습니다.

워렌 버핏의 투자 철학은 이미 많이 알려져 있지만, 제 가슴에 간직해 온 문장들을 정리해 적어봅니다.

"제1원칙: 절대로 돈을 잃지 마라. 제2원칙: 제1원칙을 절대 잊지 마라."

"남들이 탐욕을 부릴 때 두려워하고, 남들이 두려워할 때 탐욕을 부려라."

"가격은 당신이 지불하는 것이고, 가치는 당신이 얻는 것이다."

"이해할 수 있는 곳에만 투자하라."

"10년 동안 보유할 주식이 아니라면, 단 10분도 그것을 가질 생각을 하지 마라."

"오늘 누군가가 그늘에 앉아 쉴 수 있는 이유는 오래전에 누
군가가 나무를 심었기 때문이다."

마지막 문장은 투자는 하룻밤 사이에 부자가 되는 도박이 아
니라, 나무를 키우는 과정과 같다는 뜻으로, 우량한 기업이나
상품에 투자하고 시간이 흐르며 가치가 쌓이기를 기다리는 인
내심이 달콤한 열매, 즉 복리 수익을 가져다준다는 의미입니다.
워렌 버핏의 나이별 자산 추이를 보면 다음과 같습니다.

- 56세: 10억 달러억만장자 등극
- 60세: 38억 달러
- 90세 현재: 1,400억 달러

60세 당시의 38억 달러도 분명 거액이지만, 현재 자산인
1,400억 달러와 비교하면 60세의 자산은 전체의 2.7%에 불
과합니다. 즉, 워렌 버핏 재산의 97.3%는 60세 이후에 만들어
졌다는 뜻입니다.

이 수치를 통해 우리가 얻어야 할 결론은 분명합니다. 투자를
함에 있어 조급함을 버리고, 최소 10년 이상을 내다보는 긴 호

흡이 필요하다는 점입니다. 은 투자 역시 마찬가지입니다. 10년 동안 은을 보유할 생각이 없다면, 애초에 은에 투자하지 않는 편이 낫습니다.

흙수저가 투자에 성공해 부자가 되는 방법은 결국 공부뿐이라는 사실을 다시 한 번 강조하며, 이 글을 읽는 독자 여러분의 강녕을 빕니다.

부록

은실물 판매
거래소 목록

금 거래소는 대부분 사전예약제로 운영하고 있습니다. 시간 약속을 하시고 방문하는 것을 추천드립니다.

한국공인금거래소 서울본점

- 주소: 서울특별시 종로구 돈화문로5가길 11, 201호
- 영업 시간: 10:00~19:00 일요일 휴무
- 전화번호: 02-766-3750
- 특징: 평점 5.0의 높은 만족도를 보이는 곳입니다.

한국금거래소 본점

- 주소: 서울특별시 종로구 종로 128 화영빌딩 1층
- 영업 시간: 10:00~19:00 일요일 휴무
- 전화번호: 02-744-9990
- 웹사이트: koreagoldx.co.kr

GBK금거래소(지비케이금거래소)

- 주소: 서울특별시 종로구 돈화문로 76 한스빌딩 1층
- 영업 시간: 10:00~18:00 일요일 휴무
- 전화번호: 1800-5920
- 웹사이트: gbkmall.com

아시아골드

- 주소: 서울특별시 종로구 묘동 10-1 디아망빌딩 309호
- 영업 시간: 10:00~19:00 토요일, 일요일 휴무
- 전화번호: 1577-7324
- 웹사이트: asiagold.co.kr
- 아시아골드는 종로3가역 인근 디아망빌딩 내에 위치하고 있으며, 골드바, 실버바, 투자용 금/은 제품 등을 전문적으로 취급하는 거래소입니다. 방문 전에 영업 시간이나 당일 금 시세를 웹사이트에서 확인하고 가시는 것을 추천드립니다.

국제금거래소

- 주소: 서울특별시 종로구 봉익동 130
- 전화번호: 02-766-7774
- 웹사이트: intergold.co.kr
- 특징: 종로를 중심으로 운영되는 전통 있는 거래소 중 하나로, 투자용 금은 물론 주얼리 관련 거래도 활발합니다.

한국표준금거래소(종로본점)

- 주소: 서울특별시 종로구 종로 120 동영타워 4층
- 영업 시간: 09:30 ~ 19:00 토요일, 일요일 휴무
- 전화번호: 02-1644-7967
- 웹사이트: goldgold.co.kr
- 특징: 종로3가역 인근에 위치한 본점으로, 실시간 시세 확인 및 다양한 골드바/실버바 구매가 가능합니다.

대성(종로 지점)

- 주소: 서울특별시 종로구 서순라길 41

- 전화번호: 02-747-3371
- 고객센터: 070-4601-0111
- 웹사이트: dsmetalmall.com
- 주요 취급 품목: 골드바, 실버바, 실버 코인, 법정 기념 주화 등
- 대성금속몰: 개인 투자자를 위해 실시간 금/은 시세를 제공하고 온라인으로 제품을 구매할 수 있는 공식 온라인 쇼핑몰인 대성금속몰을 운영하고 있습니다. 오프라인 방문 전에 시세를 먼저 확인하시는 것을 추천합니다.
- 특징: 종로 귀금속 거리에 위치한 영업소입니다.

골드나라 서울 종로점

- 주소: 서울특별시 종로구 돈화문로 40 묘동, 1층
- 전화번호: 02-744-9990
- 대표: 배재한
- 웹사이트: https://goldnara.co.kr
- 특징: 종로3가역 9번 출구 인근 귀금속 거리에 위치해 있습니다. 서울 지역 고객들이 실물 금을 직접 매매하거나 상담받기에 최적화된 곳입니다.

KPMEX(코리아코인뱅크) 전시장

- 주소: 서울특별시 종로구 인사동길 12, 1101호
- 영업 시간: 09:30~18:30 토요일, 일요일 휴무
- 전화번호: 02-742-9945
- 공식 웹사이트: https://www.kpmex.com
- 특징: 종로3가역 15번 출구 또는 안국역 6번 출구에서 가깝습니다. 이곳에서는 실물 골드바, 실버바뿐만 아니라 세계 각국의 희귀 주화와 기념 코인을 직접 보고 구매하실 수 있습니다.

스테커스(Stackers)

- 위치: 서울특별시 종로구 돈화문로 40, 2층 묘동
- 고객센터: 02-747-8884
- 웹사이트: stakers.co.kr
- 실물 투자자 라운지: 금, 은 투자자들이 모여 정보를 공유하고 실물을 직접 확인할 수 있는 휴게 공간이자 전시장입니다.
- 배재한의 골드나라와 협력: 앞서 말씀드린 '배재한의 골드

나라'와 같은 건물에 있으며, 실물 금·은 매매와 관련된 상담 및 커뮤니티 활동이 활발히 이루어집니다.

- 실물 은 특화: 특히 은바나 코인 등을 수집하고 투자하는 스테커들을 위한 전문적인 공간입니다.

- 특징: 종로3가역 9번 출구에서 나오면 바로 근처골드나라 건물 2층에 위치해 있습니다. 단순히 금을 사고파는 매장이라기보다, 유튜브 '배재한의 골드나라' 시청자들이나 실물 자산 투자자들이 소통하는 공간의 성격이 강합니다.

한국무역금거래소&다이아몬드거래소

- 주소: 서울특별시 종로구 돈화문로 55 서진빌딩II 2층
- 영업 시간: 월~금 10:00~18:00, 토~일 10:30~17:00
- 전화번호: 02-765-0759
- 웹사이트: koreagoldtrade.com
- 특징: 주말에도 운영하여 방문이 편리합니다.

(주)삼성금거래소(종로 본점)

- 주소: 서울특별시 종로구 돈화문로6가길 16

- 영업 시간: 10:30~19:00 일요일 휴무
- 전화번호: 02-764-2869
- 웹사이트: samsunggold.co.kr
- 특징: 삼성금거래소는 종로3가역 인근 귀금속 거리에 위치하고 있으며, 골드바와 실버바 매매, 기업용 순금 기념품 제작 등으로 신뢰도가 높은 곳입니다. 금과 은은 실시간 시세가 적용되므로 방문하시기 전 공식 홈페이지에서 '오늘의 시세'를 확인하시는 것이 좋습니다.

더돌

- 주소: 서울 종로구 돈화문로 52 동명빌딩 101호
- 영업 시간: 10:30~18:00 일요일 휴무
- 전화번호: 02-766-7777
- 대표: 최성규
- 웹사이트: https://www.thedol.co.kr/

트레이드 아크

- 주소: 서울 종로구 삼청로 142 1층, 2층

- 영업 시간: 11:00~16:00 토요일, 일요일 휴무
- 전화번호: 02-868-1031
- 대표: 정도현
- 웹사이트: https://www.tradeark.co.kr

은 투자 사용설명서

금보다 가치 있고 달러보다 안전하다!

초판 1쇄 인쇄 2026년 3월 11일
초판 1쇄 발행 2025년 3월 18일

지은이 황석현
발행인 선우지운

편집 이주희
표지디자인 공중정원 박진범
본문디자인 김민주
제작 예인미술
출판사 여의도책방

출판등록 2024년 2월 1일(제2024-000018호)
이메일 yidcb.1@gmail.com
ISBN 979-11-24-35901-3 (03320)